PARIS
PENDANT LE SIÉGE

BIBLIOTHÈQUE HISTORIQUE

PARIS
PENDANT
LE SIÉGE

1870-1871

PAR ARNOLD HENRYOT

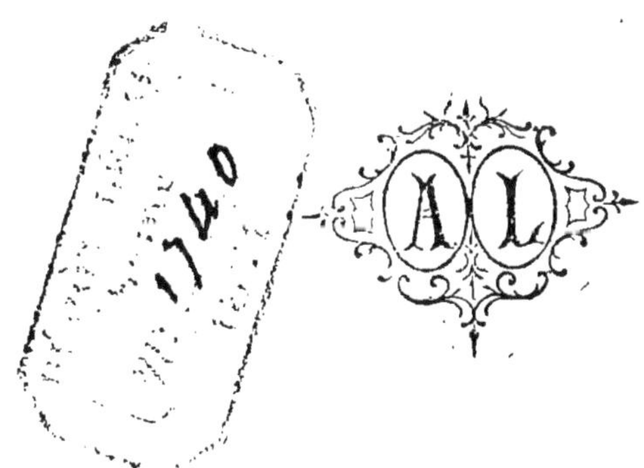

PARIS
ARMAND LE CHEVALIER, ÉDITEUR
RUE DE RICHELIEU, 61

1871

PARIS. — TYPOGRAPHIE DE ROUGE FRÈRES, DUNON ET FRESNÉ,
rue du Four-Saint-Germain, 43.

AVANT-PROPOS

Dès la semaine qui suivit la capitulation de Paris plusieurs publications parurent sur les événements du siége. Ces publications n'ont été, et ne pouvaient être que la reproduction d'articles insérés dans les journaux durant l'investissement, ou le recueil des documents officiels les plus intéressants à connaître. Elles avaient surtout pour objet de satisfaire promptement l'avidité de la province sur ce qui venait d'avoir lieu dans l'intérieur de Paris.

Ces récits immédiats ont le défaut de ne permettre que des exposés de faits, sans qu'il soit possible de chasser l'impression première que ces faits peuven avoir produit tout d'abord. Or, le drame du siége a besoin d'être vu à quelque distance, parce que ses péripéties en ont été trop graves pour n'avoir pas de conséquences prochaines de nature à les expliquer. Quelques-unes déjà se sont produites, plus redoutables et plus tragiques qu'on eût osé les prévoir !

Pour avoir attendu jusqu'à présent, je ne prétends pas que la lumière soit faite sur tous les événements qui se trouvent mentionnés dans ce petit livre; il faut beaucoup de temps pour arriver à la vérité définitive de l'histoire; mais quelques-uns déjà sont mieux connus dans leurs causes qu'ils ne pouvaient l'être il y a quelques mois.

Il est facile d'en donner des exemples.

On a cru généralement que l'empereur, redoutant de rentrer à Paris après Gravelotte, avait seul entraîné le maréchal Mac-Mahon du côté de Rethel, et que c'est à lui personnellement que la France est redevable de la catastrophe de Sedan. Le général Trochu, dans son discours du 13 juin dernier, a donné sur les intrigues qui ont amené cette fatale résolution, des explications décisives : il a dit comment il avait accepté les fonctions de gouverneur de Paris, et qu'il croyait, en arrivant dans cette ville, n'y précéder l'empereur que d'une heure ou deux ; que c'est l'impératrice et le ministre de la guerre qui firent abandonner le projet de retraite sur Paris, en dépit des décisions prises à Châlons et malgré l'avis de tous les officiers généraux.

Dans le même discours, le général fait connaître son fameux plan de sortie par la basse Seine, et nous pouvons presque expliquer l'insuccès des opérations tentées du côté de la Marne, par la mauvaise humeur qu'il dut éprouver en se voyant forcé d'agir juste à l'opposé du point qu'il avait choisi.

On pourrait multiplier ces exemples et faire voir qu'on a tout à gagner à attendre, pour écrire, les éclaircissements inévitables qu'apporte le temps. D'ailleurs, le siége de Paris, quoi qu'il arrive, malgré les révolutions ou les coups d'État, est en lui-même un si gros événement dans notre histoire, que l'intérêt doit y revenir et s'y arrêter, en dépit de ses distractions passagères.

Paris, le 1er juillet 1871.

A. H.

BIBLIOTHÈQUE HISTORIQUE

PARIS

PENDANT

LE SIÉGE

1870-1871

CHAPITRE PREMIER

L'invasion des provinces de l'Est. — Débandade de l'armée française après Reischoffen. — Désastre de Sedan. — Proclamation de la République. — Arrivée des Prussiens sous les murs de Paris.

La campagne, ouverte le 1er août par la ridicule bataille de Saarbruck, n'a été qu'une longue déroute jusqu'au moment où les armées allemandes vinrent mettre le siége devant Paris. Ceux qui ont suivi de près les opérations militaires, — et nous étions de ceux-là, — sont d'accord sur les causes de ce désastre : elles sont nombreuses, et la plupart touchent à des considérations qu'il n'entre pas dans notre cadre d'examiner. Il nous suffit de dire que jamais l'ignorance et l'incapacité des chefs n'ont été si grandes, que jamais les services accessoires d'une armée, et principalement l'intendance, n'ont montré plus d'incurie ni donné le spectacle d'un désordre pareil, avant même que les victoires de l'ennemi ne soient venues déranger les opérations préliminaires du plan de campagne.

Ce n'est pas que le courage militaire ait diminué en France. Le soldat s'est bien battu tant qu'il a eu confiance; les officiers se sont fait tuer bravement à la tête de leurs troupes; mais les Prussiens apportaient avec eux des éléments de stratégie nouveaux, faisaient concourir à leurs succès des agents inconnus à l'armée française et capables d'annuler l'avantage que pouvait donner à notre cause la bravoure individuelle de nos soldats.

Dès le premier jour on put s'apercevoir que l'armée allemande combattait sur son terrain; que son état-major avait une connaissance parfaite de nos routes et des moindres sentiers de nos montagnes, qu'il savait les ressources que pouvaient donner chaque village, chaque ferme, presque chaque habitant; qu'il profitait merveilleusement de nos fautes, utilisait notre télégraphe, nos canaux, nos chemins de fer, que, dans l'effarement de notre retraite, nous commettions la faute de ne pas détruire.

Pour l'ennemi, la campagne était apprise par cœur, étudiée longtemps à l'avance par l'espionnage militaire; pour nous, elle était imprévue, puisque nous comptions passer le Rhin dès le premier jour; et le chef qui nous commandait n'était pas de taille à suppléer par un coup de génie à la soudaineté de l'invasion.

La débandade commença le soir de Reischoffen. L'armée du maréchal Mac-Mahon, acculée au pied des Vosges, ne chercha pas même à en défendre les passages. Le lendemain de la bataille, le maréchal était à Saverne avec quinze ou vingt mille hommes désorganisés, exténués et sans pain. Le reste s'était jeté dans Strasbourg ou s'était replié par le défilé de la Petite-Pierre, isolément, sans ordre et sans qu'on sût alors ce qu'ils étaient devenus. Les éclaireurs prussiens se montrèrent dans la plaine à l'est de Saverne vers les six heures du soir. Les soldats préparaient la soupe réquisitionnée chez l'habitant, car il n'était déjà plus question de l'intendance : le maréchal et son état-major dînaient chez le sous-préfet. Un coup de clairon retentit dans la ville, et, sans perdre une minute, les débris de l'armée enfilèrent la route de Phalsbourg, encombrée déjà de bagages et d'artillerie. L'Alsace était abandonnée et perdue.

Quinze jours après, Mac-Mahon était au camp de Châlons, ayant ramené quelques régiments par les départements des Vosges et de la Haute-Marne, n'ayant pu rejoindre qu'à Blesme la ligne du chemin de fer de l'Est, et couru dix fois le risque d'être devancé et coupé dans sa ligne de retraite par l'armée du prince royal de Prusse. Le reste de son corps s'était replié par toutes les routes, éclopé, mendiant, donnant dans toutes les villes et dans tous les villages le spectacle de la déroute la plus effroyable qu'on ait jamais vue.

En même temps que le maréchal, l'empereur arrivait au camp de Châlons comme un fugitif. — Après la défaite de Forbach, l'armée de Bazaine s'était vue refoulée sous les murs de Metz. Elle aurait pu s'échapper le 16 août; mais avant de songer à l'armée, on avait songé à l'empereur, au prince impérial, à la dynastie. On avait perdu du temps, on avait manqué de décision; il avait fallu faire cortége et protéger la fuite de Napoléon. C'est au camp qu'il apprit les nouvelles de Paris, le mécontentement universel, et qu'il entrevit pour la première fois l'issue probable de la guerre.

Sur les instances du prince Napoléon, le général Trochu fut nommé gouverneur de la capitale, et le maréchal Mac-Mahon, encore populaire dans l'armée, commandant en chef de l'armée de Châlons.

Grâce aux renforts venus du centre et aux troupes envoyées de Paris, l'armée de Châlons comptait alors environ 120,000 hommes, une artillerie suffisante et des provisions en abondance.

Le maréchal pouvait ou se replier sur Épernay et attendre le prince royal pour livrer bataille, ou bien battre en retraite et couvrir Paris. Ce dernier plan reçut un commencement d'exécution. Le camp de Châlons fut levé le 18 août, et le maréchal se dirigea sur Reims. Mais à Reims, la visite de M. Rouher, les dépêches de l'impératrice et du ministre de la guerre à l'empereur sur la disposition des esprits firent abandonner le mouvement commencé l'avant-veille.

Les correspondances publiées depuis la chute de l'empire, et tout récemment les révélations faites à l'Assemblée nationale par le général Trochu, ne laissent subsister aucun doute sur les causes de ce changement soudain. C'est par peur de Paris et par crainte d'y rentrer que l'empereur, cédant aux instances de l'impératrice et du comte de Palikao, força le maréchal Mac-Mahon à rebrousser chemin, avec le chimérique espoir d'aller par Rethel et Montmédy délivrer l'armée de Bazaine et débloquer Metz. Nous avons vu les longues colonnes de l'armée française défiler tristement sur la route qui mène à Rethel désormais sans confiance et sans espoir. Mac-Mahon, convaincu de l'impossibilité de la tâche, avançait lentement, s'arrêtant à chaque étape, perdant un jour au *Chêne-le-Populeux*, un autre jour à Poix, sollicitant sans cesse l'ordre de revenir sur ses pas, indécis, découragé, mais trop faible et trop peu sûr de lui pour résister à l'entêtement de l'empereur et surtout de la régente.

On sait l'issue de cette opération et le sort de cette armée. Le 1er septembre, après deux jours de combats acharnés, elle était prise comme dans une souricière entre l'armée du prince royal et l'armée de Steinmetz et de Frédéric-Charles. C'était Sedan, le couronnement de l'édifice impérial! C'est le 3 septembre au soir que la nouvelle du désastre parvint à Paris. Le lendemain, la République était proclamée sans qu'on eût tiré un coup de fusil. Le gouvernement confié à la députation de Paris, prenait le titre de *Gouvernement de la défense nationale*.

La guerre pouvait être finie : l'empire, qui seul l'avait voulue, était déchu; l'impératrice avait pris la fuite, le roi de Prusse n'avait plus devant lui que la nation, qui répudiait à la fois la politique maladroite et les ambitions dynastiques du régime impérial.

Cependant les armées allemandes, ne rencontrant nul obstacle, marchaient à grandes journées sur Paris, qui manquait désormais de tout secours extérieur. Les populations de l'Est, privées systématiquement d'armes et de munitions, n'offraient à l'invasion qu'une résistance insignifiante et paralysée par les récits des fuyards échappés de Reischoffen et de Sedan.

La panique était générale. Les Prussiens venaient à la fois par l'Est et par le Nord. Le 10 septembre, le prince royal de Prusse était à Château-Thierry et prenait la direction de Laferté-sous-Jouarre. Un autre corps s'avançait par Mézières, Soissons, Laon et Compiègne, refoulant devant lui le général Vinoy, commandant du 13e corps français, qui, par une habile retraite, réussit à se replier sous Paris avant l'arrivée des Prussiens. Le 17, l'ennemi commence un pont à Villeneuve-Saint-Georges et traverse la Seine, tandis que, sur la rive droite, le corps d'armée de Vogel de Falkenstein forme une vaste ligne se déployant en éventail par Chelles, Montfermeil, Livry, Gonesse, envoyant ses avant-gardes jusqu'à Pontoise. Il ne restait plus de libre autour de Paris que la forêt de Saint-Germain, traversée par le chemin de fer de Rouen. Le 20 septembre, grâce à la rapidité du mouvement tournant des armées prussiennes, l'investissement de Paris était complet.

CHAPITRE II

Les événements : La garde nationale et la garde mobile. — Entrevue de Ferrières. — Premiers combats sous Paris. —Affaires de Bonneuil et de Châtillon. — Combat de Chevilly. — Tentative sur Choisy-le-Roi. — Capitulation de Strasbourg.

Nous dirons plus loin quelle était la situation militaire de Paris au moment où le gouvernement de la défense nationale prit le ministère des mains du comte Palikao. On avait, dans les derniers jours de l'empire, et principalement pendant la seconde quinzaine du mois d'août, fait quelques préparatifs apparents; on avait placé des canons sur les remparts, remué quelques brouettes de terre sur les talus, mais juste assez pour tromper l'opinion publique et donner satisfaction à la presse. On ne croyait pas à la possibilité du siége, d'abord parce qu'on comptait sur une victoire de Mac-Mahon, en second lieu, parce qu'on n'avait pas l'intention de défendre sérieusement la capitale dans le cas où les Prussiens se présenteraient.

Le gouvernement du 4 septembre dut prendre sa tâche au sérieux. Tous les gardes nationaux de Paris, c'est-à-dire tous les électeurs inscrits, furent convoqués le 6 dans leurs mairies respectives pour élire leurs officiers; la fabrication, le commerce et la vente des armes furent affranchis de toute entrave. Tout Paris se porta vers le rempart et les grands travaux défensifs, qui sont une des particularités les plus curieuses du siége, commencèrent de tous les côtés à la fois.

Dès le 8 septembre, le ministre des États-Unis reconnaissait la République française et adressait à M. Favre, ministre des affaires étrangères, la note qu'on va lire :

Monsieur, j'ai reçu la nuit dernière, à onze heures, la communication que vous m'avez fait l'honneur de m'adresser à la date du 5 courant, et par laquelle vous me faisiez savoir que, en vertu d'une résolution adoptée par les membres du gouvernement de la défense nationale, le département des affaires étrangères vous avait été confié.

J'ai à mon tour la satisfaction de vous annoncer que j'ai reçu de mon gouvernement un télégramme par lequel il me donne mission de reconnaître le gouvernement de la défense nationale comme le gouvernement de la France.

En conséquence, je suis prêt à entrer en relations avec ce gouvernement, et, si vous le voulez bien, à traiter avec lui toutes les affaires ressortissant aux fonctions dont je suis revêtu.

En faisant cette communication à Votre Excellence, je la prie d'agréer pour elle-même et pour les membres du gouvernement de la défense nationale les félicitations du gouvernement et du peuple des États-Unis : ils auront appris avec enthousiasme la proclamation de cette République qui s'est instituée en France sans qu'une goutte de sang ait été versée, et ils s'associeront par le cœur et sympathiquement à ce grand mouvement qu'ils espèrent et croient devoir être fécond en résultats heureux pour le peuple français et pour l'humanité tout entière.

Jouissant depuis près d'un siècle des innombrables bienfaits du gouvernement républicain, le peuple des États-Unis ne peut assister qu'avec le plus profond intérêt aux efforts de ce peuple français auquel le rattachent les liens d'une amitié traditionnelle et qui cherche à fonder les institutions par lesquelles on assurera à la génération présente, comme à sa postérité, le droit inaliénable de vivre en travaillant au bonheur de tous.

En terminant, je tiens à dire à Votre Excellence que je me félicite d'avoir pour intermédiaire entre le gouvernement de la défense nationale et moi l'homme si distingué dont on apprécie tant, dans mon propre pays, le caractère élevé, et qui a consacré avec dévouement toutes les forces de son intelligence à la cause de la liberté humaine et des gouvernements libres.

Agréez, etc. WASHBURN.

Le gouvernement de la défense nationale avait appelé à Paris les gardes mobiles de la province. Dès les premiers jours de septembre, ceux des départements voisins de Paris s'y étaient réfugiés pour échapper à l'invasion. Le chemin de fer amena bientôt ceux des départements les plus éloignés. La mesure était doublement opportune. Elle avait pour effet d'ajouter aux forces de la défense un élément qu'on croyait excellent ct qui pouvait le devenir; on pensait, en outre, qu'enfermer dans une ville assiégée la fleur de la jeunesse française, était le plus sûr moyen d'exciter ce qui restait d'hommes valides dans les départements à se lever pour secourir Paris et délivrer les jeunes gens.

Le 14 septembre, cent mille mobiles étaient arrivés, mal armés, mal vêtus, mais tous également disposés à faire leur devoir. Paris les accueillit comme des hôtes : les maisons particulières s'ouvrirent et les reçurent jusqu'à ce que leurs baraquements fussent achevés ou qu'ils eussent reçu l'ordre de sortir de l'enceinte. A ce moment les bataillons de la garde mobile parisienne occupaient déjà les forts.

Le jour même où les avant-gardes prussiennes arrivaient en vue de Paris (14 septembre) le général Trochu passait en revue les bataillons de la garde nationale et de la garde mobile. Le soleil rayonnait sur cette immense armée qui couvrait le Champ-de-Mars, les Champs-Élysées et les boulevards jusqu'à la Bastille. Jamais la confiance de Paris ne fut plus unanime ni plus imposante que ce jour-là! L'ordre suivant fut publié à l'issue de la revue :

ORDRE DU JOUR DU GÉNÉRAL TROCHU.

Aux gardes nationaux et aux gardes mobiles de la Seine, aux gardes mobiles des départements.

Jamais aucun général d'armée n'a eu sous les yeux le grand spectacle que vous venez de me donner.

Trois cents bataillons de citoyens, organisés, armés, encadrés par la population tout entière acclamant, dans un concert immense, la défense de Paris et la liberté !

Que les nations étrangères qui ont douté de vous, que les armées qui marchent sur vous ne l'ont-elles entendu !

Elles auraient eu le sentiment que le malheur a plus fait en quelques semaines pour élever l'âme de la nation que de longues années de jouissance pour l'abaisser.

L'esprit de dévouement et de sacrifices vous a pénétrés, et déjà vous lui devez le bienfait de l'union de cœur qui va vous sauver.

Avec notre formidable effectif, le service journalier de la garde de Paris ne sera pas de moins de 70,000 hommes en permanence. Si l'ennemi, par une attaque de vive force, ou par surprise, ou par la brèche ouverte, perçait l'enceinte, il rencontrerait les barricades dont la construction se prépare, et ses têtes de colonnes seraient renversées par l'attaque successive de dix réserves échelonnées.

Ayez donc confiance entière, et sachez que l'enceinte de Paris, défendue par l'effort persévérant de l'esprit public et par trois cent mille fusils, est inabordable.

Gardes nationaux de la Seine et gardes mobiles :

Au nom du gouvernement de la défense nationale, dont je ne suis devant vous que le représentant, je vous remercie de votre patriotique sollicitude pour les chers intérêts dont vous avez la garde.

A présent, à l'œuvre dans les neuf sections de la défense !

De l'ordre partout, du calme partout, du dévouement partout !

Et rappelez-vous que vous devenez chargés, je vous l'ai déjà dit, de la police de Paris pendant ces jours de crise.

Préparez-vous à souffrir avec constance.

A cette condition vous vaincrez.

TROCHU.

Pendant que tout se préparait pour une défense héroïque, M. Thiers sortait de Paris, se rendant à Londres, chargé d'une mission du gouvernement de la défense nationale, et le ministre des affaires étrangères, préoccupé du silence gardé par le roi de Prusse depuis la chute de l'Empire, se rendait secrètement à Ferrières, non pour demander la paix, comme on l'a écrit, mais pour déclarer que la France, qui n'avait jamais voulu la guerre, verrait avec plaisir la fin des hostilités, pourvu que la Prusse, satisfaite de ses victoires, se contentât d'une indemnité de guerre, et ne voulût toucher ni à l'honneur ni au territoire de la République.

Nous ne saurions mieux faire que reproduire la lettre de M. Favre à ses collègues du gouvernement. Ce document restera comme un accablant témoignage des véritables intentions de la Prusse vis-à-vis de la nation française :

A MM. les Membres du Gouvernement de la défense nationale.

Mes chers collègues,

L'union étroite de tous les citoyens, et particulièrement celle des membres du gouvernement, est plus que jamais une nécessité de salut public. Chacun de nos actes doit la cimenter. Celui que je viens d'accomplir de mon chef m'était inspiré par ce sentiment; il aura ce résultat. J'ai eu l'honneur de vous l'expliquer en détails. Cela ne suffit point. Nous sommes un gouvernement de publicité. Si à l'heure de l'exécution, le secret est indispensable, le fait, une fois consommé, doit être entouré de la plus grande lumière. Nous ne sommes quelque chose que par l'opinion de nos concitoyens, il faut qu'elle nous juge à chaque heure, et pour nous juger elle a le droit de tout connaître.

J'ai cru qu'il était de mon devoir d'aller au quartier général des armées ennemies ; j'y suis allé. Je vous ai rendu compte de la mission que je m'étais imposée à moi-même; je viens dire à mon pays les raisons qui m'ont déterminé, le but que je me proposais, celui que je crois avoir atteint.

Je n'ai pas besoin de rappeler la politique inaugurée par nous et que le ministre des affaires étrangères était plus particulièrement chargé de formuler. Nous sommes avant tout des hommes de paix et de liberté. Jusqu'au dernier moment nous nous sommes opposés à la guerre que le gouvernement impérial entreprenait dans un intérêt exclusivement dynastique, et quand ce gouvernement est tombé, nous avons déclaré persévérer plus énergiquement que jamais dans la politique de la paix.

Cette déclaration, nous la faisions ; quand par la criminelle folie d'un homme et de ses conseillers, nos armées étaient détruites ; notre glorieux Bazaine et ses vaillants soldats bloqués devant Metz ; Strasbourg, Toul, Phalsbourg écrasés par les bombes ; l'ennemi victorieux en marche sur notre capitale. Jamais notre situation ne fut plus cruelle ; elle n'inspira cependant au pays aucune pensée de défaillance, et nous crûmes être son interprète fidèle en posant nettement cette condition : pas un pouce de notre territoire, pas une pierre de nos forteresses.

Si donc à ce moment, où venaient de s'accomplir un fait aussi considérable que celui du renversement du promoteur de la guerre, la Prusse avait voulu traiter sur les bases d'une indemnité à déterminer, la paix était faite ; elle eût été accueillie comme un immense bienfait ; elle fût devenue un gage certain de réconciliation entre deux nations qu'une politique odieuse seule a fatalement divisées.

Nous espérions que l'humanité et l'intérêt bien entendus remporteraient cette victoire, belle entre toutes, car elle aurait ouvert une ère nouvelle, et les hommes d'État qui y auraient attaché leur nom auraient eu comme guides, la philosophie, la raison, la justice ; comme récompense les bénédictions et la prospérité des peuples.

C'est avec ces idées que j'ai entrepris la tâche périlleuse que vous m'aviez confiée.

Je devais d'abord me rendre compte des dispositions des cabinets européens et chercher à me concilier leur appui. Le gouvernement impérial l'avait complétement négligé, ou y avait échoué. Il s'est engagé dans la guerre sans une alliance, sans une négociation sérieuse ; tout, autour de lui, était hostilité ou indifférence. Il recueillait ainsi le fruit amer d'une politique blessante pour chaque État voisin, par ses menaces ou ses prétentions.

A peine étions-nous à l'Hôtel de ville qu'un diplomate, dont il n'est point encore opportun de révéler le nom, nous demandait à entrer en relations avec nous. Dès le lendemain, votre ministre recevait les représentants de toutes les puissances. La république des États-Unis, la république helvétique, l'Italie, l'Espagne, le Portugal reconnaissaient officiellement la République française. Les autres gouvernements autorisaient leurs agents à entretenir avec nous des rapports officieux qui nous permettaient d'entrer de suite en pourparlers utiles.

Je donnerais à cet exposé, déjà trop étendu, un développement qu'il ne comporte pas, si je racontais avec détail la courte, mais instructive histoire des négociations qui ont suivi. Je crois pouvoir affirmer qu'elle ne sera pas tout à fait sans valeur pour notre crédit moral.

Je me borne à dire que nous avons trouvé partout d'honorables sympathies. Mon but était de les grouper, et de déterminer les puissances signataires de la ligue des neutres à intervenir directement près de la Prusse en prenant pour base les conditions que j'avais posées. Quatre de ces puissances me l'ont offert; je leur en ai, au nom de mon pays, témoigné ma gratitude, mais je voulais le concours des autres. L'une m'a promis une action individuelle dont elle s'est réservé la liberté, l'autre m'a proposé d'être mon intermédiaire vis-à-vis de la Prusse. Elle a même fait un pas de plus : sur les instances de l'envoyé extraordinaire de la France, elle a bien voulu recommander directement mes démarches. J'ai demandé beaucoup plus, mais je n'ai refusé aucun concours, estimant que l'intérêt qu'on nous montrait était une force à ne pas négliger.

Cependant, le temps marchait, chaque heure rapprochait l'ennemi. En proie à de poignantes émotions, je m'étais promis à moi-même de ne pas laisser commencer le siége de Paris sans essayer une démarche suprême, fussé-je seul à la faire. L'intérêt n'a pas besoin d'en être démontré.

La Prusse gardait le silence et nul ne consentait à l'interroger. Cette situation était intenable ; elle permettait à notre ennemi de faire peser sur nous la responsabilité de la continuation de la lutte; elle nous condamnait à nous taire sur ses intentions. Il fallait en sortir. Malgré ma répugnance, je me déterminai à user des bons offices qui m'étaient offerts, et, le 10 septembre, un télégramme parvenait à M. de Bismark, lui demandant s'il voulait entrer en conversation sur des conditions de transaction. Une première réponse était une fin de non-recevoir tirée de l'irrégularité de notre gouvernement.

Toutefois, le chancelier de la Confédération du Nord n'insista pas, et me fit demander quelles garanties nous présentions pour l'exécution d'un traité. Cette seconde difficulté, levée par moi, il fallait aller plus loin. On me proposa d'envoyer un courrier, ce que j'acceptai. En même temps, on télégraphiait directement à M. de Bismark, et le premier ministre de la puissance qui nous servait d'intermédiaire disait à notre envoyé extraordinaire que la France seule pouvait agir; il ajoutait qu'il serait à désirer que je ne reculasse pas devant une démarche au quartier général.

Notre envoyé, qui connaissait le fond de mon cœur, répondit que j'étais prêt à tous les sacrifices pour faire mon devoir, qu'il y en avait peu d'aussi pénibles que d'aller au travers des lignes ennemies chercher notre vainqueur, mais qu'il supposait que je m'y résignerais. Deux jours après, le courrier revenait. Après mille obstacles, il avait vu le chancelier, qui lui avait dit être disposé volontiers à causer avec moi.

J'aurais voulu une réponse directe au télégramme de notre intermédiaire, elle se faisait attendre. L'investissement de Paris s'achevait. Il n'y avait donc plus à hésiter, je me résolus à partir.

J'avais poussé si loin le scrupule de la discrétion, que je l'ai observée même vis-à-vis de vous, mes chers collègues. Je ne m'y suis pas résolu sans un vif déplaisir. Mais je connaissais votre patriotisme et votre affection ; j'étais sûr d'être absous. Je croyais obéir à une nécessité impérieuse. Une première fois je vous avais entretenus des agitations de ma conscience et je vous avais dit qu'elle ne serait en repos que lorsque j'aurais fait tout ce qui était humainement possible pour arrêter honorablement cette abominable guerre. Me rappelant la conversation provoquée par cette ouverture, je redoutais des objections, et j'étais décidé; d'ailleurs, je voulais, en abordant M. de Bismark, être libre de tout engagement, afin d'avoir le droit de n'en prendre aucun. Je vous fais ces aveux sincères, je les fais au pays pour écarter de vous une responsabilité que j'assume seul. Si ma démarche est une faute, seul j'en dois porter la peine.

J'avais cependant averti M. le ministre de la guerre, qui avait bien voulu me donner un officier pour me conduire aux avant-postes. Nous ignorions la situation du quartier général. On le supposait à Gros-Bois. Nous nous acheminâmes vers l'ennemi par la porte de Charenton.

Je supprime tous les détails de ce douloureux voyage; pleins d'intérêt cependant, mais qui ne seraient point ici à leur place. Conduit à Villeneuve-Saint-Georges, où se trouvait le général en chef commandant le 6e corps, j'appris assez tard dans l'après-midi que le quartier général était à Meaux. Le général, des procédés duquel je n'ai qu'à me louer, me proposa d'y envoyer un officier porteur de la lettre suivante, que j'avais préparée pour M. de Bismark :

« Monsieur le comte,

« J'ai toujours cru qu'avant d'engager sérieusement les hostilités sous les murs de Paris, il était impossible qu'une transaction honorable ne fût pas essayée. La personne qui a eu l'honneur de voir Votre Excellence, il y a deux jours, m'a dit avoir recueilli de sa bouche l'expression d'un désir analogue. Je suis venu aux avant-postes me mettre à la disposition de Votre Excellence. J'attends qu'elle veuille bien me faire savoir comment et où je pourrai avoir l'honneur de conférer quelques instants avec elle.

« J'ai l'honneur d'être avec une haute considération,

« De Votre Excellence,

« Le très-humble et très-obéissant serviteur,

« JULES FAVRE.

« 18 septembre 1870. »

Nous étions séparés par une distance de 48 kilomètres. Le lendemain matin à six heures, je recevais la réponse que je transcris :

« Meaux, 18 septembre 1870.

« Je viens de recevoir la lettre que Votre Excellence a eu l'obligeance de m'écrire, et ce me sera extrêmement agréable, si vous voulez bien me faire l'honneur de venir me voir demain, ici, à Meaux.

« Le porteur de la présente, le prince Biron, veillera à ce que Votre Excellence soit guidée à travers nos lignes.

« J'ai l'honneur d'être, avec la plus haute considération, de Votre Excellence, le très-obéissant serviteur,

« DE BISMARK. »

A neuf heures, l'escorte était prête, et je partais avec elle. Arrivé près de Meaux vers trois heures de l'après-midi, j'étais arrêté par un aide de camp venant m'annoncer que le comte avait quitté Meaux avec le roi pour aller coucher à Ferrières. Nous nous étions croisés ; en revenant l'un et l'autre sur nos pas, nous devions nous rencontrer.

Je rebroussai chemin, et descendis dans la cour d'une ferme entièrement saccagée, comme presque toutes les maisons que j'ai vues sur ma route. Au bout d'une heure, M. de Bismark m'y rejoignit.

Il nous était difficile de causer dans un tel lieu. Une habitation, le château de la Haute-Maison, appartenant à M. le comte de Rillac, était à notre proximité ; nous nous y rendîmes. Et la conversation s'engagea dans un salon où gisaient en désordre des débris de toute nature.

Cette conversation, je voudrais vous la rapporter tout entière, telle que le lendemain je l'ai dictée à un secrétaire. Chaque détail y a son importance. Je ne puis ici que l'analyser.

J'ai tout d'abord précisé le but de ma démarche. Ayant fait connaître par ma circulaire les intentions du gouvernement français, je voulais savoir celles du premier ministre prussien. Il me semblait inadmissible que deux nations continuassent, sans s'expliquer préalablement, une guerre terrible qui, malgré ses avantages, infligeait au vainqueur des souffrances profondes. Née du pouvoir d'un seul, cette guerre n'avait plus de raison d'être, quand la France redevenait maîtresse d'elle-même ; je me portais garant de son amour pour la paix, en même temps de sa résolution inébranlable de n'accepter aucune condition qui ferait de cette paix une courte et menaçante trêve.

M. de Bismark m'a répondu que, s'il avait la conviction qu'une pareille paix fût possible, il la signerait de suite. Il a reconnu que l'opposition avait toujours condamné la guerre. Mais le pouvoir que représente aujourd'hui cette opposition est plus que précaire. Si dans quelques jours, Paris n'est pas pris, il sera renversé par la populace...

Je l'ai interrompu vivement pour lui dire que nous n'avions pas de populace à Paris, mais une population intelligente, dévouée, qui connaissait nos intentions et qui ne se ferait pas complice de l'ennemi en entravant notre mission de défense. Quant à notre pouvoir, nous étions prêts à le déposer entre les mains de l'assemblée déjà convoquée par nous.

« Cette assemblée, a repris le comte, aura des desseins que rien ne peut nous faire pressentir. Mais si elle obéit au sentiment français, elle voudra la guerre. Vous n'oublierez pas plus la capitulation de Sedan que Waterloo, que Sadowa qui ne vous regardait pas. » Puis il a insisté longuement sur la volonté bien arrêtée de la nation française d'attaquer l'Allemagne et de lui enlever une partie de son territoire. Depuis Louis XIV jusqu'à Napoléon III, ses tendances n'ont pas changé, et quand la guerre a été annoncée, le

Corps législatif a couvert les paroles du ministre d'acclamations.

Je lui ai fait observer que la majorité du Corps législatif avait quelques semaines avant acclamé la paix ; que cette majorité, choisie par le prince, s'était malheureusement crue obligée de lui céder aveuglément, mais que, consultée deux fois, aux élections de 1869 et au vote du plébiscite, la nation avait énergiquement adhéré à une politique de paix et de liberté.

La conversation s'est prolongée sur ce sujet, le comte maintenant son opinion, alors que je défendais la mienne ; et comme je le pressais vivement sur ses conditions, il m'a répondu nettement que la sécurité de son pays lui commandait de garder le territoire qui le garantissait. Il m'a répété plusieurs fois :

— Strasbourg est la clef de ma maison, je dois l'avoir.

Je l'ai invité à être plus explicite encore.

— C'est inutile, objectait-il, puisque nous ne pouvons nous entendre, c'est une affaire à régler plus tard.

Je l'ai prié de le faire de suite ; il m'a dit alors que les deux départements du Bas et du Haut-Rhin, une partie de celui de la Moselle, avec Metz, Château-Salins et Soissons, lui étaient indispensables, et qu'il ne pouvait y renoncer.

Je lui ai fait observer que l'assentiment dont il disposait ainsi était plus que douteux, et que le droit public européen ne lui permettait pas de s'en passer. « Si fait, m'a-t-il répondu. Je sais fort bien qu'ils ne veulent pas de nous. Ils nous imposeront une rude corvée ; mais nous ne pouvons ne pas les prendre. Je suis sûr que dans un temps prochain nous aurons une nouvelle guerre avec vous. Nous voulons la faire avec tous nos avantages. »

Je me suis récrié, comme je le devais, contre de telles solutions. J'ai dit qu'on me paraissait oublier deux éléments importants de discussion : l'Europe, d'abord, qui pourrait bien trouver ces prétentions exorbitantes et y mettre obstacle ; le droit nouveau ensuite, le progrès des mœurs, entièrement antipathique à de telles exigences. J'ai ajouté que, quant à nous, nous ne les accepterions jamais. Nous pouvions périr comme nation, mais non nous déshonorer ; d'ailleurs, le pays seul était compétent pour se prononcer sur une cession territoriale. Nous ne doutons pas de son sentiment, mais nous voulons le consulter. C'est donc vis-à-vis de lui que se trouve la Prusse. Et, pour être net, il est clair qu'entraînée par l'enivrement de la victoire, elle veut la destruction de la France.

Le comte a protesté, se retranchant toujours derrière des nécessités absolues de garantie nationale. J'ai poursuivi : « Si ce n'est pas de votre part un abus de la force, cachant de secrets desseins, laissez-nous réunir l'assemblée, nous lui remettrons nos pouvoirs, elle nommera un gouvernement définitif qui appréciera vos conditions.

« Pour l'exécution de ce plan, m'a répondu le comte, il faudrait un armistice, et je n'en veux à aucun prix. »

La conversation prenait une tournure de plus en plus pénible. Le soir venait. Je demandai à M. de Bismark un second entretien à Ferrières où il allait coucher, et nous partîmes chacun de notre côté.

Voulant remplir ma mission jusqu'au bout, je devais revenir sur plusieurs des questions que nous avions traitées, et conclure.

Aussi, en abordant le comte vers neuf heures et demie du soir, je lui fis observer que les renseignements que j'étais venu chercher près de lui étant destinés à être communiqués à mon gouvernement et au public, je résumerais, en terminant, notre conversation pour n'en publier que ce qui serait bien arrêté entre nous.—« Ne prenez pas cette peine, me répondit-il, je vous la livre tout entière, je ne vois aucun inconvénient à sa divulgation. » Nous reprîmes alors la discussion, qui se prolongea jusqu'à minuit. J'insistai particulièrement sur la nécessité de convoquer une assemblée. Le comte parut se laisser peu à peu convaincre et revint à l'armistice. Je demandai quinze jours. Nous discutâmes les conditions. Il ne s'en expliqua que d'une manière très-incomplète, se réservant de consulter le roi. En conséquence, il m'ajourna au lendemain onze heures.

Je n'ai plus qu'un mot à dire ; car, en reproduisant ce douloureux récit, mon cœur est agité de toutes les émotions qui l'ont torturé pendant ces trois mortelles journées, et j'ai hâte de finir. J'étais au château de Ferrières à onze heures. Le comte sortit de chez le roi à midi moins le quart, et j'entendis de lui les conditions qu'il mettait à l'armistice ; elles étaient consignées dans un texte écrit en langue allemande et dont il m'a donné communication verbale.

Il demandait pour gage l'occupation de Strasbourg, de Toul et de Phalsbourg, et comme, sur sa demande, j'avais dit la veille que l'assemblée devrait être réunie à Paris, il voulait, dans ce cas, avoir un fort dominant la ville... celui du Mont-Valérien, par exemple...

Je l'ai interrompu pour lui dire : « Il est bien plus simple de nous demander Paris. Comment voulez-vous admettre qu'une assemblée française délibère sous votre canon? J'ai eu l'honneur de vous dire que je transmettrais fidèlement notre entretien au gouvernement, je ne sais vraiment si j'oserai lui dire que vous m'avez fait une telle proposition.

« Cherchons une autre combinaison, » m'a-t-il répondu. Je lui ai parlé de la réunion de l'assemblée à Tours, en ne prenant aucun gage du côté de Paris.

Il m'a proposé d'en parler au roi, et, revenant sur l'occupation de Strasbourg, il a ajouté : « La ville va tomber entre nos mains, ce n'est plus qu'une affaire de calcul d'ingénieur. Aussi je vous demande que la garnison se rende prisonnière de guerre. »

A ces mots j'ai bondi de douleur, et me levant, je me suis écrié : « Vous oubliez que vous parlez à un Français, monsieur le comte, sacrifier une garnison héroïque qui fait notre admiration et celle du monde, serait une lâcheté ; — et je ne vous promets pas de dire que vous m'avez posé une telle condition. »

Le comte m'a répondu qu'il n'avait pas l'intention de me blesser, qu'il se conformait aux lois de la guerre : qu'au surplus, si le roi y consentait, cet article pourrait être modifié.

Il est rentré au bout d'un quart d'heure. Le roi acceptait la combinaison de Tours, mais insistait pour que la garnison de Strasbourg fût prisonnière.

J'étais à bout de forces et craignis un instant de défaillir. Je me retournais pour dévorer les larmes qui m'étouffaient, et, m'excusant de cette faiblesse involontaire, je prenais congé par ces simples paroles :

« Je me suis trompé, monsieur le comte, en venant ici; je ne m'en repens pas, j'ai assez souffert pour m'excuser à mes propres yeux; d'ailleurs, je n'ai cédé qu'au sentiment de mon devoir. Je reporterai à mon gouvernement tout ce que vous m'avez dit, et s'il juge à propos de me renvoyer près de vous, quelque cruelle que soit cette démarche, j'aurai l'honneur de revenir.

« Je vous suis reconnaissant de la bienveillance que vous m'avez témoignée, mais je crains qu'il n'y ait plus qu'à laisser les événements s'accomplir. La population de Paris est courageuse et résolue aux derniers sacrifices; son héroïsme peut changer le cours des événements. Si vous avez l'honneur de la vaincre, vous ne la soumettrez pas. La nation tout entière est dans les mêmes sentiments. Tant que nous trouverons en elle un élément de résistance, nous vous combattrons. C'est une lutte indéfinie entre deux peuples qui devraient se tendre la main. Je pars bien malheureux et néanmoins plein d'espoir. »

Je n'ajoute rien à ce récit, trop éloquent par lui-même. Il me permet de conclure et de vous dire quelle est à mon sens la portée de ces entrevues. Je cherchais la paix, j'ai rencontré une volonté inflexible de conquête et de guerre. Je demandais la possibilité d'interroger la France représentée par une assemblée librement élue, on m'a répondu en me montrant les fourches caudines sous lesquelles elle doit préalablement passer. Je ne récrimine point. Je me borne à constater les faits, à les signaler à mon pays et à l'Europe. J'ai voulu ardemment la paix, je ne m'en cache pas, et en voyant pendant trois jours la misère de nos campagnes infortunées, je sentais grandir en moi cet amour avec une telle violence, que j'étais forcé d'appeler tout mon courage à mon aide pour ne pas faillir à ma tâche. J'ai désiré non moins vivement un armistice, je l'avoue encore, je l'ai désiré, pour que la nation pût être consultée sur la redoutable question que la fatalité pose devant nous.

Vous connaissez maintenant les conditions préalables qu'on prétend nous faire subir. Comme moi, et sans discussion, vous avez été unanimement d'avis qu'il fallait en repousser l'humiliation. J'ai la conviction profonde que, malgré les souffrances qu'elle endure et celles qu'elle prévoit, la France indignée partage notre résolution, et c'est de son cœur que j'ai cru m'inspirer en écrivant à M. de Bismark la dépêche suivante qui clôt cette négociation :

« Monsieur le comte,

« J'ai exposé fidèlement à mes collègues du gouvernement de la défense nationale la déclaration que Votre Excellence a bien voulu me faire. J'ai le regret de faire connaître à Votre Excellence que le gouvernement n'a pu admettre vos propositions. Il accepterait un armistice ayant pour objet l'élection et la réunion d'une Assemblée nationale. Mais il ne peut souscrire aux conditions auxquelles Votre Excellence le subordonne. Quant à moi, j'ai la conscience d'avoir tout fait pour que l'effusion du sang cessât et que la paix fût rendue à nos deux nations pour lesquelles elle serait un grand bienfait. Je ne m'arrête qu'en face d'un devoir impérieux, m'ordonnant de ne pas sacrifier l'honneur de mon pays déterminé à résister énergiquement. Je m'associe sans réserve à son vœu ainsi qu'à celui de mes collègues. Dieu, qui nous juge, décidera de nos destinées. J'ai foi dans sa justice.

« J'ai l'honneur d'être, monsieur le comte,

« De Votre Excellence,

« Le très-humble et très-obéissant serviteur,

« JULES FAVRE.

« 21 septembre 1870. »

J'ai fini, mes chers collègues, et vous penserez comme moi que, si j'ai échoué, ma mission n'aura pas été cependant tout à fait inutile. Elle a prouvé que nous n'avons pas dévié. Comme les premiers jours, nous maudissons une guerre par nous condamnée à l'avance ; comme les premiers jours aussi, nous l'acceptons plutôt que de nous déshonorer. — Nous avons fait plus: nous avons tué l'équivoque dans laquelle la Prusse s'enfermait et que l'Europe ne nous aidait pas à dissiper.

En entrant sur notre sol, elle a donné au monde sa parole qu'elle attaquait Napoléon et ses soldats, mais qu'elle respectait la nation. Nous savons aujourd'hui ce qu'il faut en penser. La Prusse exige trois de nos départements, deux villes fortes, l'une de cent, l'autre de soixante-quinze mille âmes, huit à dix autres également fortifiées. Elle sait que les populations qu'elle veut nous ravir la repoussent, elle s'en saisit néanmoins, opposant le tranchant de son sabre aux protestations de leur liberté civique et de leur dignité morale.

A la nation qui demande la faculté de se consulter elle-même, elle propose la garantie de ses obusiers établis au Mont-Valérien et protégeant la salle des séances où nos députés voteront. Voilà ce que nous savons, et ce qu'on m'a autorisé à vous dire. Que le pays nous entende et qu'il se lève, ou pour nous désavouer quand nous lui conseillons de résister à outrance, ou pour subir avec nous cette dernière et décisive épreuve. Paris y est résolu.

Les départements s'organisent et vont venir à son secours. Le dernier mot n'est pas dit dans cette lutte où maintenant la force se tue contre le droit. Il dépend de notre constance qu'il appartienne à la justice et à la liberté.

Agréez, mes chers collègues, le fraternel hommage de mon inaltérable dévouement.

JULES FAVRE.

C'est le 17 septembre que les chasseurs à cheval du commandant Franchetti rencontrèrent, pour la première fois, les avant-gardes ennemies au carrefour de Pompadour, à quinze cents mètres de Choisy-le-Roi. Après une charge brillante et un combat corps à corps, les hussards bleus de la garde royale furent dispersés avec des pertes sensibles. Le lendemain 18, une rencontre plus importante eut lieu, du côté de Bonneuil, entre un corps d'infanterie allemande et les avant-gardes d'une troupe envoyée en reconnaissance sous la direction du général Vinoy. Le 19 au matin, le général Ducrot attaquait vigoureusement, en avant de Châtillon et de Bagneux, les Prussiens massés derrière un bois. Mais on était mal instruit sur les forces de l'ennemi qui, prenant à son tour l'offensive, nous délogea des hauteurs et y plaça ses batteries. A neuf heures, notre première ligne dut se replier et la seconde chercher un abri jusque sous les feux des forts de Montrouge et de Vanves.

Nos pertes n'étaient cependant pas considérables et celles de l'ennemi dépassaient deux mille hommes. Mais le mouvement de recul subi par nos jeunes troupes, exagéré par quelques fuyards qu'on avait eu le tort de laisser rentrer dans Paris, donnèrent à notre échec la proportion d'une débâcle. La frayeur fut extrême, et ne se calma que le lendemain quand l'ordre du jour du général Trochu fut connu de la population.

A LA GARDE NATIONALE,
A LA GARDE MOBILE,
AUX TROUPES EN GARNISON A PARIS.

Dans le combat d'hier, qui a duré presque toute la journée, et où notre artillerie, dont la solidité ne peut être trop louée, a infligé à l'ennemi des pertes énormes, des incidents se sont produits que vous devez connaître, dans l'intérêt de la grande cause que nous défendons en commun.

Une injustifiable panique, que n'ont pu arrêter les efforts d'un excellent chef de corps et de ses officiers, s'est emparée du régiment provisoire des zouaves, qui tenait notre droite. Dès le commencement de l'action, la plupart des soldats se sont repliés en désordre dans la ville et s'y sont répandus en semant l'alarme. Pour excuser leur conduite, ces fuyards ont déclaré qu'on les avait menés à une perte certaine, alors que leur effectif était intact et qu'ils étaient sans blessures; qu'ils avaient manqué de cartouches, alors qu'ils n'avaient pas fait usage, — je l'ai constaté moi-même, — de celles dont ils étaient encore pourvus; qu'ils avaient été trahis par leurs chefs, etc. La vérité, c'est que ces indignes ont compromis, dès son début, une affaire de guerre dont, malgré eux, les résultats sont considérables. D'autres soldats d'infanterie de divers régiments se sont joints à eux.

Déjà les malheurs que nous avons éprouvés dans le commencement de cette guerre avaient fait refluer sur Paris des soldats indisciplinés et démoralisés qui y portent l'inquiétude et le trouble et échappent, par le fait des circonstances, à l'autorité de leurs chefs et à toute répression.

Je suis fermement résolu à mettre fin à de si graves désordres. J'ordonne à tous les défenseurs de Paris de saisir les hommes isolés, soldats de toutes armes ou gardes mobiles, qui errent dans la ville en état d'ivresse, répandent des propos scandaleux et déshonorent, par leur attitude, l'uniforme qu'ils portent.

Les soldats et gardes mobiles arrêtés seront conduits à l'état-major de la place, 7, place Vendôme; les habitants arrêtés dans le même cas, à la préfecture de police.

Ils seront traduits devant les conseils de guerre qui jugent en permanence et subiront la rigoureuse application des dispositions ci-après édictées par la loi militaire :

Art. 213. — Est puni de mort tout militaire qui abandonne son poste en présence de l'ennemi ou de rebelles armés.

Art. 218. — Est puni de mort, avec dégradation militaire, tout militaire qui refuse d'obéir lorsqu'il est commandé pour marcher à l'ennemi.

Art. 250. — Est puni de mort, avec dégradation militaire, tout pillage ou dégât de denrées, marchandises ou effets, commis par des militaires en bande, soit avec armes ou à force ouverte, soit avec violence envers les personnes.

Art. 253. — Est puni de mort, avec dégradation militaire, tout militaire qui détruit des moyens de défense, approvisionnements en armes, vivres, munitions, etc.

C'est un égal devoir pour le gouverneur de défendre Paris, qui va subir directement les épreuves du siége, et d'y maintenir l'ordre. Par les présentes dispositions, il associe à son effort tous les hommes de cœur et de bon vouloir, dont le nombre est grand dans la cité.

A Paris, le 20 septembre 1870.

Le président du gouvernement,
gouverneur de Paris,
GÉNÉRAL TROCHU.

Le 23, une reconnaissance, poussée sur Villejuif qu'on croyait occupé par les Prussiens, eut un résultat plus heureux que l'affaire de Châtillon. Nos troupes occupèrent solidement la crête du village et la redoute des Hautes-Bruyères. Les Prussiens essayèrent de reprendre les positions, mais sans y réussir. Nous les avons gardées pendant toute la durée du siége.

Le combat de Chevilly (30 septembre) ne fut que la continuation de l'affaire du 23. Il s'agissait, pour nous, d'enlever successivement aux Prussiens les villages de Chevilly et de Thiais pour s'emparer de Choisy-le-Roi, qui était le point central des communications de l'ennemi entre la rive droite et la rive gauche de la Seine. La prise de Choisy-le-Roi était donc d'une grande importance, puisqu'elle coupait en deux l'armée d'investissement.

Malheureusement, les Prussiens sentaient comme nous l'importance de cette position et avaient fortifié et crénelé tous les villages qui l'avoisinent. Pendant que notre centre s'emparait de Chevilly, notre droite était forcée de s'arrêter devant le village de l'Hay et notre gauche devant Thiais. Le général Vinoy, jugeant que l'entreprise ne pouvait aboutir, donna l'ordre de la retraite, qui s'effectua en bon ordre et fit le plus grand honneur à nos jeunes soldats.

La première grande douleur de Paris assiégé, fut la nouvelle de la capitulation de Strasbourg, qui lui parvint dans les derniers jours de septembre. Quoique ce résultat fût prévu, on en ressentit une douleur encore plus vive que plus tard en apprenant des désastres plus grands encore. Quelques-uns, comparant la situation de Paris à celle de Strasbourg, eurent alors le pressentiment du sort qui attendait la capitale de la France. Il est certain qu'à cette date, Paris, qui ne souffrait encore matériellement ni de la faim ni du froid, prit un aspect plus sombre et comprit mieux qu'il ne l'avait fait encore la grandeur du péril et la nécessité de la résistance.

Le gouvernement fit suivre la communication des nouvelles d'Alsace du décret suivant :

Le gouvernement de la défense nationale,

Considérant que la noble cité de Strasbourg, par son héroïque résistance à l'ennemi pendant un siége meurtrier de plus de cinquante jours, a resserré les liens indissolubles qui rattachent l'Alsace à la France ;

Considérant que depuis le commencement du siége de Strasbourg, la piété nationale de la population parisienne n'a cessé de prodiguer autour de l'image de la capitale de l'Alsace le témoignage du patriotisme le plus touchant et de la plus ardente reconnaissance pour le grand exemple que Strasbourg et les villes assiégées de l'Est ont légué à la France ;

Voulant tout à la fois perpétuer le souvenir du glorieux dévouement de Strasbourg et des villes de l'Est à l'indivisibilité de la République et des généreux sentiments du peuple de Paris ;

Décrète :

Art. 1er. — La statue de la ville de Strasbourg, qui se trouve actuellement sur la place de la Concorde, sera coulée en bronze et maintenue sur le même emplacement, avec inscription commémorative des hauts faits de résistance des départements de l'Est.

Art. 2. — Le ministre de l'instruction publique est chargé de l'exécution du présent décret.

Fait à Paris, à l'Hôtel de ville, le 3 octobre 1870.

CHAPITRE III

SUITE DES ÉVÉNEMENTS : Rareté des opérations militaires pendant le mois d'octobre. — Première manifestation hostile au gouvernement. — Prise et abandon du Bourget. — Nouvelle de la reddition de Metz. — Journée du 31 octobre. — Vote plébiscitaire du 3 novembre.

L'insuccès des opérations tentées sur Choisy-le-Roi, sur Châtillon et sur Chevilly, semble avoir diminué la confiance du gouverneur en ses troupes et mis fin au système d'attaques inauguré dès le commencement du siége. Aussi le mois d'octobre se passe-t-il sans affaires importantes ; à part le combat de Châtillon du 13 octobre, celui de Rueil du 21, la prise du Bourget du 28, suivie bientôt de la perte de ce village, le temps se passe en reconnaissances d'avant-postes, qui ne compromettent pas nos forces, mais qui ne portent nul préjudice réel aux assiégeants. Les trophées des journées heureuses pour nous se réduisent à la conquête de casques et de fourniments qui sont minutieusement relatés dans les rapports officiels.

Cette inaction presque complète de l'armée de Paris, si préjudiciable à la cause française, les événements l'ont prouvé, est le sujet de tous les commentaires de la presse et de l'opinion. En vain les forts canonnent-ils tant qu'ils peuvent les ouvrages prussiens qu'ils aperçoivent à leur portée, cela n'empêche pas l'ennemi de s'établir solidement tout autour de l'enceinte, de se retrancher, de se barricader dans les villages, enfin de construire à l'aise les formidables batteries qui joueront leur rôle un peu plus tard.

La foi dans le général Trochu est encore si grande, on craint tellement, en discutant la valeur de son système, de soulever des questions irritantes qui pourraient diminuer l'union de tous les citoyens et de tous les partis, qu'on aime mieux lui faire crédit, sur la foi *d'un plan* dont on parle avec complaisance, mais que personne ne connaît.

Le 14 octobre, dans une lettre relative à l'organisation des bataillons mobilisés de la garde nationale, le gouverneur écrit au maire de Paris :

« Je déclare que, pénétré de la foi la plus entière dans le retour de fortune qui sera dû à la grande œuvre de résistance qui résume le siége de Paris, *je ne céderai pas à la pression de l'impatience publique*. M'inspirant des devoirs qui nous sont communs à tous, et des responsabilités que personne ne partage avec moi, je suivrai jusqu'au bout le plan que je me suis tracé, sans le révéler, et je ne demande à la population de Paris, en échange de mes efforts, que la continuation de la confiance dont elle m'a jusqu'à ce jour honoré. »

Le 8 octobre, une affiche rédigée dans les clubs par les chefs du parti radical, invitait les gardes nationaux et les citoyens à se réunir à l'Hôtel de ville, pour demander au gouvernement le remplacement des maires provisoires installés le 4 septembre et l'élection immédiate de la Commune de Paris. Ce fut le premier mouvement politique. La question de la Commune se posait pour la première fois, justifiée, aux yeux des plus ardents, par l'insuffisance militaire du gouverneur de Paris. Cette tentative, d'ailleurs hors de propos, échoua devant l'attitude de la population, mais pour renaître vingt jours après, cette fois plus inquiétante pour la paix publique et l'existence du gouvernement.

Le 27 octobre, le journal de Félix Pyat, *le Combat*, publiait l'entre-filet suivant :

LE PLAN DE BAZAINE.

« Fait vrai, sûr et certain, que le gouvernement de la défense nationale retient par devers lui comme un secret d'État, et que nous dénonçons à l'indignation de la France comme une haute trahison :

« Le maréchal Bazaine a envoyé un colonel au camp du roi de Prusse pour traiter de la reddition de Metz et de la paix, au nom de S. M. l'empereur Napoléon III. »

(*Le Combat.*)

Le lendemain, *le Journal officiel* dénonçait devant l'opinion publique la rédaction du *Combat* et niait absolument qu'il connût le fait publié par l'organe de Félix Pyat.

Sur ces entrefaites, une opération militaire heureuse nous rendait maîtres du Bourget, village occupé jusque-là par l'ennemi. La prise de ce village, placé au point d'intersection du chemin de fer de Soissons et de la route du Nord par Senlis, pouvait contrarier les travaux d'investissement et les transports de l'ennemi. Au lieu de renforcer les troupes qui s'étaient emparées du Bourget, on les laissa pendant toute la journée du 30, aux prises avec les Prussiens qui tentaient de reprendre le village. Enfin le 31 ceux-ci attaquèrent en force après avoir canonné la position des hauteurs de Dugny et de Blanc-Mesnil. Il était impossible à nos troupes de tenir plus longtemps ; elles battirent en retraite, et celles qui défendaient la partie nord du village furent faites prisonnières.

Voici le rapport officiel du général de Bellemarre sur cette malheureuse affaire :

30 octobre 1870. — 5 h. et demie du soir.

Le Bourget, village en pointe en avant de nos lignes, qui avait été occupé par nos troupes, a été canonné pendant toute la journée d'hier sans succès par l'ennemi. Ce matin, de bonne heure, des masses d'infanterie, évaluées à plus de 15,000 hommes, se sont présentées de front, appuyées par une nombreuse artillerie, pendant que d'autres colonnes ont tourné le village, venant de Dugny et de Blanc-Mesnil. Un certain nombre d'hommes, qui étaient dans la partie nord du Bourget, ont été coupés du corps principal et sont restés entre les mains de l'ennemi. On n'en connaît pas exactement le nombre en ce moment. Il sera précisé demain.

Le village de Drancy, occupé depuis vingt-quatre heures seulement, ne se trouvait plus appuyé à sa gauche et le temps ayant manqué pour le mettre en état respectable de défense, l'évacuation en a été ordonnée, pour ne pas compromettre les troupes qui s'y trouvaient.

Le village du Bourget ne faisait pas partie de notre système général de défense; son occupation était d'une importance très-secondaire, et les bruits qui attribuent de la gravité aux incidents qui viennent d'être exposés sont sans aucun fondement.

P. O. Le général, chef d'état-major,

SCHMITZ.

L'irritation fut extrême à Paris quand on connut les détails de la journée du 30. Il était évident qu'on n'avait rien fait de ce qui était nécessaire pour conserver le Bourget, et qu'il fallait attribuer ce nouvel et grave échec à l'imprévoyance du gouverneur et à l'incapacité de l'état-major.

Pour combler la mesure, le gouvernement fit afficher et publier au *Journal officiel* les documents qu'on va lire:

Le gouvernement vient d'apprendre la douloureuse nouvelle de la reddition de Metz. Le maréchal Bazaine et son armée ont dû se rendre après d'héroïques efforts, que le manque de vivres et de munitions ne leur permettait plus de continuer. Ils sont prisonniers de guerre.

Cette cruelle issue d'une lutte de près de trois mois causera dans toute la France une profonde et pénible émotion. Mais elle n'abattra pas notre courage. Pleine de reconnaissance pour les braves soldats, pour la généreuse population, qui ont combattu pied à pied pour la patrie, la ville de Paris voudra être digne d'eux. Elle sera soutenue par leur exemple et par l'espoir de les venger.

M. Thiers est arrivé aujourd'hui à Paris; il s'est transporté sur-le-champ au ministère des affaires étrangères.

Il a rendu compte au gouvernement de sa mission. Grâce à la forte impression produite en Europe par la résistance de Paris, quatre grandes puissances neutres, l'Angleterre, la Russie, l'Autriche et l'Italie, se sont ralliées à une idée commune.

Elles proposent aux belligérants un armistice, qui aurait pour objet la convocation d'une Assemblée nationale. Il est bien entendu qu'un tel armistice devrait avoir pour conditions le ravitaillement, proportionné à sa durée, et l'élection de l'assemblée par le pays tout entier.

Le ministre des affaires étrangères chargé par intérim du département de l'intérieur,

JULES FAVRE.

Le premier de ces documents donnait pleinement raison au journal *le Combat*, si durement traité l'avant-veille par le démenti du gouvernement. La capitulation de Metz et la trahison du maréchal Bazaine, sur la résistance et le patriotisme de qui nous avions fondé tant d'espérances, réduisaient désormais Paris à ses propres ressources, car on avait eu jusque-là les yeux tournés vers l'armée de Metz plus encore que sur les troupes qui s'organisaient en province et devaient arriver bientôt. Mais, telle est la force d'un malheur présent et que l'on peut toucher du doigt pour ainsi dire, que la grande douleur de Paris n'était pas la perte de Metz et de notre meilleure armée; c'était l'échec du Bourget!

Quant à l'armistice proposé par les puissances neutres, il était impossible qu'il fût accueilli favorablement par l'opinion dans des circonstances pareilles, et c'était une maladresse insigne d'annoncer l'ouverture des négociations sous le coup d'une défaite et de la prise de notre meilleure place forte. D'ailleurs, les exigences de M. de Bismark et les difficultés qu'il souleva pour le ravitaillement de Paris mirent tout le monde d'accord sur la nécessité de continuer la lutte.

Le 31 octobre à midi, des groupes commencèrent à stationner sur la place de l'Hôtel-de-Ville. A deux heures, la foule était compacte ; des députations arrivaient à chaque instant et pénétraient dans le palais municipal. Des cris : « Pas d'armistice! La Commune ! La levée en masse ! » s'élevaient de toute part. MM. Jules Simon, Rochefort et Trochu essayent en vain de parler à la foule ; leur voix est étouffée par les cris : La levée en masse ! Pas d'armistice ! La Commune ! M. Jules Favre de son côté, dans la salle qui précède celle du Conseil, tente de se faire entendre, mais sans y réussir. — Quelques coups de pistolets ou de fusils retentissent du dehors et viennent briser les vitres du premier étage ; l'Hôtel de ville est envahi.

On ne sait quelles concessions furent faites au milieu du tumulte par les membres du gouvernement ; mais à quatre heures, le maire de Paris, M. Étienne Arago, parut à une fenêtre et donna lecture d'un décret convoquant à bref délai les électeurs pour la nomination des membres de la Commune. Au même moment, M. Gustave Flourens arrive à cheval ; un officier supérieur de la garde nationale sort de l'Hôtel de ville, monte sur la croupe du cheval de Flourens, et annonce à la foule que la levée en masse est décrétée. On lance des fenêtres du premier étage des morceaux de papier sur lesquels sont inscrits les noms des membres du nouveau gouvernement. La plupart de ces listes, qui sont loin de se ressembler toutes, portent les noms suivants : Dorian, président ; Félix Pyat, Ledru-Rollin, Schœlcher, Joigneaux, Louis Blanc, Victor Hugo, Martin Bernard, Mottu, Greppo, Delescluze, Bonvalet, etc.

Dans la soirée, les événements changent de face : la solution pacifique annoncée dans l'après-midi paraît oubliée. M. Blanqui s'installe à la place du gouvernement et se met en devoir de constituer un comité de salut public. Les membres du gouvernement sont déclarés en état d'arrestation et gardés à vue par Flourens et ses tirailleurs.

Cependant vers les cinq heures du soir, M. Picard, ministre des finances, a réussi à s'échapper. On vient prendre ses ordres au ministère, et bientôt le rappel retentit partout. La garde nationale, instruite de ce qui se passe, se porte en masse à l'Hôtel de ville pour dégager le gouvernement. Le 106e bataillon, commandant Ibos, pénètre le premier dans l'Hôtel, suivi bientôt de quelques compagnies de mobiles bretons. Le général Trochu, J. Favre et les autres membres du gouvernement encore au pouvoir de l'insurrection sont délivrés, et les envahisseurs se retirent devant l'imposante manifestation du dehors.

La proclamation suivante fut affichée le lendemain sur les murs de Paris :

AUX GARDES NATIONALES DE LA SEINE.

Votre ferme attitude a sauvé la République d'une grande humiliation politique, peut-être d'un grand péril social, certainement de la ruine de nos efforts pour la défense.

Le désastre de Metz, prévu, mais profondément douloureux, a très-légitimement troublé les esprits et redoublé l'angoisse publique; et, à son sujet, on a fait au gouvernement de la défense nationale l'injure de supposer qu'il en était informé et le cachait à la population de Paris, alors qu'il en avait, je l'affirme, le 30 au soir seulement, le première nouvelle.

Il est vrai que le bruit en avait été semé depuis deux jours par les avant-postes prussiens. Mais l'ennemi nous a habitués à tant de faux avis que nous nous étions refusés à y croire.

Le pénible accident survenu au Bourget, par le fait d'une troupe qui, après avoir surpris l'ennemi, a manqué absolument de vigilance et s'est laissé surprendre à son tour, a vivement affecté l'opinion.

Enfin, la proposition d'armistice, inopinément présentée par les puissances neutres, a été interprétée contre toute vérité et toute justice, comme le prélude d'une capitulation, quand elle était un hommage rendu à l'attitude de la population de Paris et à la ténacité de la défense. Cette proposition était honorable pour nous; le gouvernement lui-même en posait les conditions dans des termes qui lui paraissaient fermes et dignes. Il stipulait une durée de vingt-cinq jours au moins, le ravitaillement de Paris pendant cette période, le droit de voter pour les élections de l'Assemblée nationale, ouvert aux citoyens de tous les départements français.

Il y avait loin de là aux conditions d'armistice que l'ennemi nous avait précédemment faites; quarante-huit heures de durée effective, et quelques rapports très-restreints avec la province pour la preparation des élections, — point de ravitaillement, — le gage d'une place forte, — l'interdiction aux citoyens de l'Alsace et de la Lorraine de participer au vote pour la représentation nationale.

A l'armistice aujourd'hui proposé se rattachent d'autres avantages dont Paris peut facilement se rendre compte, sans qu'il faille les énumérer ici. Et voilà qu'on le reproche comme une faiblesse, peut-être comme une trahison, au gouvernemen de la défense nationale!

Une infime minorité qui ne peut prétendre à représenter les sentiments de la population parisienne, a profité de l'émotion publique pour essayer de se substituer violemment au gouvernement. Il a la conscience d'avoir sauvegardé des intérêts qu'aucun gouvernement n'eut jamais à concilier, les intérêts d'une ville de deux millions d'âmes assiégée, et les intérêts d'une liberté sans limites. Vous vous êtes associés à sa tâche, et l'appui que vous lui avez donné sera sa force à l'avenir contre les ennemis du dedans aussi bien que contre les ennemis du dehors.

Le président du gouvernement, gouverneur de Paris,

GÉNÉRAL TROCHU.

Fait à Paris, le 1er novembre 1870.

Le même jour, le gouvernement décrétait le vote plébiscitaire du 3 novembre, et posait la question en ces termes :

« Les électeurs qui voudront maintenir le gouvernement de la défense nationale voteront *oui*: ceux qui seront d'un avis contraire voteront *non.* »

Le scrutin, y compris les votes de l'armée et de la garde mobile, donna les chiffres suivants :

Oui.	557,996
Non.	62,638

Le gouvernement se crut obligé de remercier la population par la proclamation suivante :

CITOYENS :

Nous avons fait appel à vos suffrages.

Vous nous répondez par une éclatante majorité.

Vous nous ordonnez de rester au poste de péril que nous avait assigné la révolution du 4 septembre.

Nous y restons avec la force qui vient de vous, avec le sentiment des grands devoirs que votre confiance nous impose.

Le premier est celui de la défense. Elle a été, elle continuera d'être l'objet de notre préoccupation exclusive.

Tous, nous serons unis dans le grand effort qu'elle exige : à notre brave armée, à notre vaillante mobile, se joindront les bataillons de garde nationale frémissant d'une généreuse impatience.

Que le vote d'aujourd'hui consacre notre union. Désormais c'est l'autorité de votre suffrage que nous avons à faire respecter, et nous sommes résolus à y mettre toute notre énergie.

Donnant au monde le spectacle nouveau d'une ville assiégée dans laquelle règne la liberté la plus illimitée, nous ne souffrirons pas qu'une minorité porte atteinte aux droits de la majorité, brave les lois, et devienne, par la sédition, l'auxiliaire de la Prusse.

La garde nationale ne peut incessamment être arrachée aux remparts pour contenir ces mouvements criminels. Nous mettrons notre honneur à les prévenir par la sévère exécution des lois.

Habitants et défenseurs de Paris, votre sort est entre vos mains. Votre attitude depuis le commencement du siége a montré ce que valent des citoyens dignes de la liberté. Achevez votre œuvre ; pour nous, nous ne demandons d'autre récompense que d'être les premiers au danger et de mériter par notre dévouement d'y avoir été maintenus par votre volonté.

Vive la République ! vive la France !

GÉNÉRAL TROCHU, JULES FAVRE, EMMANUEL ARAGO, JULES FERRY, GARNIER-PAGÈS, EUGÈNE PELLETAN, ERNEST PICARD, JULES SIMON.

CHAPITRE IV

Suite des événements : Rupture des pourparlers d'armistice. — Bataille de Villiers et de Champigny. — Bataille de Paris du 21 décembre. — Évacuation du plateau d'Avron. — Bombardement des forts de l'Est.

Le demi-million de *oui* obtenu le 3 novembre, était loin de prouver l'unanimité du sentiment public au sujet du gouvernement. Les suffrages pouvaient se diviser en catégories : les uns voulaient dire confiance au plan du général Trochu; les autres, répulsion pour les hommes qui avaient fait la journée du 31 octobre et que l'échec électoral du gouvernement du 4 septembre aurait maintenus au pouvoir; le plus grand nombre enfin signifiaient horreur de tout ce qui aurait pu ressembler à une révolution politique, accomplie sous les yeux de l'ennemi et au bruit de ses canons. Ceux-ci se groupant en un seul faisceau assurèrent au gouvernement l'éclatante majorité qu'il prit pour un signe de confiance absolue et de reconnaissance de la population parisienne et de l'armée.

Cependant les négociations continuaient à Versailles entre M. Thiers et M. de Bismark au sujet de l'armistice. Elles avaient même failli être brusquement rompues le 1er novembre sur le bruit venu au quartier général que l'insurrection était triomphante à Paris. Cinq jours après elles le furent effectivement, par suite des exigences inadmissibles des Allemands. Le ministre des affaires étrangères en instruisit la France et l'Europe par la circulaire suivante, adressée aux agents diplomatiques du gouvernement français :

Paris, 7 novembre 1870.

MONSIEUR,

La Prusse vient de rejeter l'armistice proposé par les grandes puissances neutres, l'Angleterre, la Russie, l'Autriche et l'Italie, ayant pour objet la convocation d'une Assemblée nationale. Elle a ainsi prouvé, une fois de plus, qu'elle continuait la guerre dans un but étroitement personnel, sans se préoccuper du véritable intérêt de ses sujets et surtout de celui des Allemands qu'elle entraîne à sa suite. Elle prétend, il est vrai, y être contrainte par notre refus de lui céder deux de nos provinces.

Mais ces provinces que nous ne voulons ni ne pouvons lui abandonner, et dont les habitants la repoussent énergiquement, elle les occupe, et ce n'est pas pour les conquérir qu'elle ravage nos campagnes, chasse devant ses armées nos familles ruinées, et tient, depuis près de cinquante jours, Paris enfermé sous le feu des batteries derrière lesquelles elle se retranche. Non : elle veut nous détruire pour satisfaire l'ambition des hommes qui la gouvernent. Le sacrifice de la nation française est utile à la conservation de leur puissance. Ils le consomment froidement, s'étonnant que nous ne soyons pas leurs complices en nous abandonnant aux défaillances que leur diplomatie nous conseille.

Engagée dans cette voie, la Prusse ferme l'oreille à l'opinion du monde. Sachant qu'elle froisse tous les sentiments justes, qu'elle alarme tous les intérêts conservateurs, elle se fait un système de l'isolement, et se dérobe ainsi à la condamnation que l'Europe, si elle était admise à discuter sa conduite, ne manquerait pas de lui infliger. Cependant, malgré ses refus, quatre grandes puissances neutres sont intervenues et lui ont proposé une suspension d'armes dans le but défini de permettre à la France de se consulter elle-même en réunissant une assemblée. Quoi de plus rationnel, de plus équitable, de plus nécessaire? C'est sous l'effort de la Prusse que le gouvernement impérial s'est abîmé. Le lendemain, les hommes que la nécessité a investis du pouvoir lui ont proposé la paix, et, pour en régler les conditions, réclamé une trêve indispensable à la constitution d'une représentation nationale.

La Prusse a repoussé l'idée d'une trêve en la subordonnant à des exigences inacceptables, et ses armées ont entouré Paris. On leur en avait dit la soumission facile. Le siége dure depuis cinquante jours, la population ne faiblit pas. La sédition promise s'est fait attendre longtemps, elle est venue à une heure propice au négociateur prussien qui l'a annoncée au nôtre comme un auxiliaire prévu; mais, en éclatant, elle a permis au peuple de Paris de légitimer par un vote imposant le gouvernement de la défense nationale qui acquiert par là aux yeux de l'Europe la consécration du droit.

Il lui appartenait donc de conférer sur la proposition d'armistice des quatre puissances; il pouvait, sans témérité, en espérer le succès. Désireux avant tout de s'effacer devant les mandataires du pays et d'arriver par eux à une paix honorable, il a accepté la négociation et l'a engagée dans les termes ordinaires du droit des gens.

L'armistice devait comporter :

L'élection des députés sur tout le territoire de la République, même celui envahi;

Une durée de vingt-cinq jours;

Le ravitaillement proportionnel à cette durée.

La Prusse n'a pas contesté les deux premières conditions. Cependant elle a fait à propos du vote de l'Alsace et de la Lorraine quelques réserves que nous mentionnons sans les examiner davantage, parce que son refus absolu d'admettre le ravitaillement a rendu toute discussion inutile.

En effet, le ravitaillement est la conséquence forcée d'une suspension d'armes s'appliquant à une ville investie. Les vivres y sont un élément de défense. Les lui enlever sans compensation, c'est lui créer une inégalité contraire à la justice. La Prusse oserait-elle nous demander d'abattre chaque jour, par son canon, un pan de nos murailles sans nous permettre de lui résister? Elle nous mettrait dans une situation plus mauvaise encore en nous obligeant à consommer un mois sans nous battre, alors que, vivant sur notre sol, elle attendrait pour reprendre la guerre, que nous fussions harcelés par la famine. L'armistice sans ravitaillement, ce serait la capitulation à terme fixe sans honneur et sans espoir.

En refusant le ravitaillement, la Prusse refuse donc l'armistice. Et cette fois, ce n'est pas l'armée seulement, c'est la nation française qu'elle prétend anéantir en réduisant Paris aux horreurs de la faim. Il s'agit, en effet, de savoir si la France pourra réunir ses députés pour délibérer sur la paix. L'Europe demande cette réunion. La Prusse la repousse en la soumettant à une condition inique et contraire au droit commun. Et cependant, s'il faut en croire un document publié sans être démenti et qui émanerait de sa chancellerie, elle ose accuser le gouvernement de la défense nationale de livrer Paris à une famine certaine! Elle se plaint d'être forcée par lui de nous investir et de nous affamer!

L'Europe jugera ce que valent de telles imputations. Elles sont le dernier trait de cette politique qui débute par engager la parole du souverain en faveur de la nation française et se termine par le rejet systématique de toutes les combinaisons pouvant permettre à la France d'exprimer sa volonté! Nous ignorons ce que penseront les quatre grandes puissances neutres, dont les propositions sont écartées avec autant de hauteur : peut-être devineront-elles enfin ce que leur réserverait la Prusse, devenue, par la victoire, maîtresse d'accomplir tous ses desseins.

Quant à nous, nous obéissons à un devoir impérieux et simple en persistant à maintenir leur proposition d'armistice comme le seul moyen de faire résoudre par une assemblée les questions redoutables que les crimes du gouvernement impérial ont permis à l'ennemi de nous poser. La Prusse, qui sent l'odieux de son refus, le dissimule sous un déguisement qui ne peut tromper personne. Elle nous demande un mois de nos vivres, c'est nous demander nos armes. Nous les tenons d'une main résolue et nous ne les déposerons pas sans combattre. Nous avons fait tout ce que peuvent des hommes d'honneur pour arrêter la lutte. On nous ferme l'issue; nous n'avons plus à prendre conseil que de notre courage, en renvoyant la responsabilité du sang versé à ceux qui, systématiquement, repoussent toute transaction.

C'est à leur ambition personnelle que peuvent être immolés encore des milliers d'hommes : et quand l'Europe émue veut arrêter les combattants sur la frontière de ce champ de carnage pour y appeler les représentants de la nation et essayer la paix, oui, disent-ils, mais à la condition que cette population qui souffre, ces femmes, ces enfants, ces vieillards qui sont les victimes innocentes de la guerre, ne recevront aucun secours, afin que, la trêve expirée, il ne soit plus possible à leurs défenseurs de nous combattre sans les faire mourir de faim.

Voilà ce que les chefs prussiens ne craignent pas de répondre à la proposition des quatre puissances. Nous prenons à témoin contre eux le droit et la justice, et nous sommes convaincus que si, comme les nôtres, leur nation et leur armée pouvaient voter, elles condamneraient cette politique inhumaine.

Qu'au moins il soit bien établi que jusqu'à la dernière heure, préoccupé des immenses et précieux intérêts qui lui sont confiés, le gouvernement de la défense nationale a tout fait pour rendre possible une paix qui soit digne.

On lui refuse les moyens de consulter la France. Il interroge Paris, et Paris tout entier se lève en armes pour montrer au pays et au monde ce que peut un grand peuple quand il défend son honneur, son foyer et l'indépendance de la patrie.

Vous n'aurez pas de peine, monsieur, à faire comprendre des vérités si simples et à en faire le point de départ des observations que vous aurez à présenter lorsque l'occasion vous en sera fournie.

Agréez, etc.

Le ministre des affaires étrangères,

JULES FAVRE.

Le rejet des propositions d'armistice faisait entrer le siége de Paris dans une phase nouvelle, et ne laissait désormais d'autre alternative que de vaincre ou de succomber. On va forcément prendre l'offensive d'un côté ou de l'autre. Trois armées sont formées pour la défense de Paris sous le commandement supérieur du général Trochu. La première a pour commandant M. Clément Thomas, général de la garde nationale mobilisée et de la garde nationale sédentaire ; la seconde a pour chef le général Ducrot; la troisième le général Vinoy.

Le 14 novembre, le général Trochu lançait une proclamation ayant pour objet de préciser la situation et d'annoncer de grands événements militaires. C'était enfin l'exécution du plan si mystérieux du gouverneur ! Le même jour on recevait des nouvelles de l'armée de la Loire et on apprenait la prise d'Orléans. — Ce fut une des rares journées où quelques rayons d'espoir illuminèrent les fronts des moins confiants et les plus assombris d'ordinaire. — Le 28, on avait achevé tous les préparatifs, et le *Journal officiel* insérait les trois proclamations qu'on va lire :

CITOYENS DE PARIS,
SOLDATS DE LA GARDE NATIONALE ET DE L'ARMÉE,

La politique d'envahissement et de conquête entend achever son œuvre. Elle introduit en Europe et prétend fonder en France le droit de la force. L'Europe peut subir cet outrage en silence, mais la France veut combattre, et nos frères nous appellent au dehors pour la lutte suprême.

Après tant de sang versé, le sang va couler de nouveau. Que la responsabilité en retombe sur ceux dont la détestable ambition foule aux pieds les lois de la civilisation moderne et de la justice. Mettant notre confiance en Dieu, marchons en avant pour la patrie.

Le gouverneur de Paris,

GÉNÉRAL TROCHU.

Paris, 28 novembre 1870.

SOLDATS DE LA 2e ARMÉE DE PARIS !

Le moment est venu de rompre le cercle de fer qui nous enserre depuis trop longtemps et menace de nous étouffer dans une lente et douloureuse agonie ! A vous est dévolu l'honneur de tenter cette grande entreprise : vous vous en montrerez dignes, j'en ai la certitude.

Sans doute, nos débuts seront difficiles ; nous aurons à surmonter de sérieux obstacles ; il faut les envisager avec calme et résolution, sans exagération comme sans faiblesse.

La vérité la voici : dès nos premiers pas, touchant nos avant-postes, nous trouverons d'implacables ennemis, rendus audacieux et confiants par de trop nombreux succès. Il y aura donc là à faire un vigoureux effort, mais il n'est pas au-dessus de vos forces : pour préparer votre action, la prévoyance de celui qui nous commande en chef a accumulé plus de 400 bouches à feu, dont deux tiers au moins du plus gros calibre ; aucun obstacle matériel ne saurait y résister, et, pour vous élancer dans cette trouée, vous serez plus de 150,000, tous bien armés, bien équipés, abondamment pourvus de munitions, et, j'en ai l'espoir, tous animés d'une ardeur irrésistible.

Vainqueurs dans cette première période de la lutte, votre succès est assuré, car l'ennemi a envoyé sur les bords de la Loire ses plus nombreux et ses meilleurs soldats; les efforts héroïques et heureux de nos frères les y retiennent.

Courage donc et confiance! songez que, dans cette lutte suprême, nous combattrons pour notre honneur, pour notre liberté, pour le salut de notre chère et malheureuse patrie, et, si ce mobile n'est pas suffisant pour enflammer vos cœurs, pensez à vos champs dévastés, à vos familles ruinées, à vos sœurs, à vos femmes, à vos mères désolées!

Puisse cette pensée vous faire partager la soif de vengeance, la sourde rage qui m'animent, et vous inspirer le mépris du danger.

Pour moi, j'y suis bien résolu, j'en fais le serment devant vous, devant la nation tout entière: je ne rentrerai dans Paris que mort ou victorieux; vous pourrez me voir tomber, mais vous ne me verrez pas reculer. Alors, ne vous arrêtez pas, mais vengez-moi.

En avant donc! en avant, et que Dieu nous protége!

Paris, 28 novembre 1870.

Le général en chef de la 2e armée de Paris,

A. DUCROT.

Le gouvernement de la défense nationale à la population de Paris.

CITOYENS,

L'effort que réclamaient l'honneur et le salut de la France est engagé.

Vous l'attendiez avec une patriotique impatience que vos chefs militaires avaient peine à modérer. Décidés comme vous à débusquer l'ennemi des lignes où il se retranche et à courir au-devant de vos frères des départements, ils avaient le devoir de préparer de puissants moyens d'attaque. Il les ont réunis; maintenant, ils combattent; nos cœurs sont avec eux. Tous, nous sommes prêts à les suivre, et, comme eux, à verser notre sang pour la délivrance de la patrie.

A cette heure suprême où ils exposent noblement leur vie, nous leur devons le concours de notre constance et de notre vertu civique. Quelle que soit la violence des émotions qui nous agitent, ayons le courage de demeurer calmes. Quiconque fomenterait le moindre trouble dans la cité trahirait la cause de ses défenseurs et servirait celle de la Prusse. De même que l'armée ne peut vaincre que par la discipline, nous ne pouvons résister que par l'union et l'ordre.

Nous comptons sur le succès, nous ne nous laisserons abattre par aucun revers.

Cherchons surtout notre force dans l'inébranlable résolution d'étouffer, comme un germe de mort honteuse, tout ferment de discorde civile.

Vive la France! Vive la République!

Les membres du gouvernement :

JULES FAVRE,
Vice-président du gouvernement.

EMMANUEL ARAGO, JULES FERRY, GARNIER-PAGÈS, EUGÈNE PELLETAN, ERNEST PICARD, JULES SIMON.

Les ministres :

GÉNÉRAL LE FLÔ, DORIAN, J. MAGNIN.

Les secrétaires du gouvernement :

ANDRÉ LAVERTUJON, F. HÉROLD, A. DRÉO, DURIER.

Paris, 28 novembre 1870.

Le 29 novembre au matin les marins de l'amiral Saisset occupaient à l'est de Paris les hauteurs du plateau d'Avron avec une artillerie formidable. Au midi, la troisième armée, sous les ordres du général Vinoy, opérait une sortie sur Thiais, l'Hay et Choisy-le-Roi. Des mouvements analogues avaient lieu au nord et à l'ouest de Paris pour tenir en échec les forces prussiennes et les empêcher d'accourir sur le point central de l'action. Malheureusement, une crue soudaine de la Marne empêchait le général Ducrot d'opérer en même temps le passage de la rivière, et ce n'est que le lendemain 30, que les deux premiers corps de la deuxième armée réussirent à la franchir entre Nogent et Champigny.

L'opération réussit à merveille, et dès neuf heures du matin, les généraux Blanchard et Renault attaquaient Champigny, le bois du Plant et les premiers échelons du plateau de Villiers. A onze heures, toutes les hauteurs étaient prises, lorsque l'ennemi fit un vigoureux retour offensif. L'artillerie prussienne, établie à Chennevières et à Cœuilly, faisait subir des pertes énormes aux colonnes de notre premier corps, tandis que l'infanterie prussienne, sortant des retranchements de Villiers, chargeait les troupes du général Renault. Ce fut alors notre artillerie qui nous sauva. L'ennemi fut arrêté, nos troupes enlevées de nouveau et les hauteurs reconquises.

Pendant ce temps, le troisième corps, commandé par le général d'Exéa, s'étant avancé dans la vallée de la Marne, avait jeté ses ponts au Petit-Bry : Bry-sur-Marne était occupé par la division Bellemarre, qui, poussant jusqu'à Villiers, concourait, avec le deuxième corps, à la prise de possession des crêtes. A notre extrême droite, la division Susbielle, soutenue par des bataillons de marche de la garde nationale, s'était portée en avant de Creteil et avait enlevé les positions de Mesly et de Mont-Mesly.

La journée du 1er décembre se passa sans incidents, sauf quelques combats de tirailleurs au début de la journée. Mais, pendant la nuit, les Prussiens avaient massé, en arrière de Cœuilly et de Villiers, des troupes fraîches, et le 2 décembre ils s'élancèrent à l'improviste sur les positions de l'armée de Ducrot. Grâce encore à notre artillerie, l'effort de l'ennemi échoua, mais la lutte fut terrible et sanglante ; nous pouvions être culbutés dans la Marne, et c'en était fait de l'armée. Fort heureusement, l'énergie personnelle du général Ducrot et le courage de la plupart des officiers supérieurs nous sauvèrent de ce désastre. Pendant la nuit et dans la matinée du 3 décembre, à la faveur d'un épais brouillard, 100,000 hommes de la deuxième armée repassaient la Marne sans être inquiétés et venaient se cantonner dans le bois de Vincennes, en arrière de Nogent.

Certes, ces batailles sont des victoires pour l'armée française, mais les suites prouvèrent qu'elles étaient stériles, malgré les pertes énormes infligées à l'ennemi, puisqu'elles n'aboutirent ni à la trouée, ni à un débloquement momentané. Paris, qui en avait suivi les péripéties heure par heure, refusa de croire à la retraite en arrière de la Marne, et s'attendit à voir recommencer la lutte immédiatement sur un autre point. Il n'en fut rien; le général Ducrot avait bien compris que ses troupes, harassées par trois jours de combats, étaient incapables de garder plus longtemps les positions qu'elles avaient prises, et que les y laisser avec une rivière à dos, c'était les vouer à une perte certaine. Malheureusement elles étaient également incapables de reprendre la lutte sur un autre point, et Paris dut attendre jusqu'au 21 décembre une nouvelle tentative, qui n'eut pas un résultat meilleur que la précédente.

L'attaque si longuement attendue, si désirée, tant la confiance était grande encore, commença le 21 sur un grand développement, depuis Nogent jusqu'au Mont-Valérien. L'étendue considérable du champ de bataille nuisit à l'unité de l'action.

J'emprunte à M. L. Jezierski, de l'*Opinion nationale*, le récit du combat de Drancy, l'un des plus émouvants de la journée :

Le fort d'Aubervilliers donna le signal de l'attaque à sept heures du matin.

Il ouvrit le feu contre le Bourget, secondé par une batterie établie à dessein à la bifurcation de la route de Lille et du chemin de la Courneuve. Le fort de Romainville appuyait par quelques coups de canon.

A la même heure, les forts de l'Est et de la Double-Couronne battaient le village de Stains.

Au Bourget, l'attaque s'exécuta de front et de flancs. L'avant-poste ennemi fut enlevé au pas de course par une colonne composée de francs-tireurs, de diverses compagnies de la ligne et de la mobile. Mais bientôt la fusillade s'engagea vive et serrée. Les

Prussiens, protégés par les talus du chemin de fer, tiraient à bout portant sur nos soldats; il fallut se coucher à terre, riposter en tirailleurs, et le temps se passa à se disputer pied à pied les abords du village.

Sur le front, le 34e de ligne aborda résolûment le parc, bordé d'un mur qui termine le village de notre côté. Mais ce mur était crénelé; les projectiles pleuvaient à travers les meurtrières, sur nos soldats manœuvrant à découvert. Cette première attaque ne put amener de résultats définitifs.

A Stains, nos marins furent également arrêtés par les barricades de l'ennemi. La fusillade pétilla, mortelle pour nous et presque inoffensive pour les Prussiens abrités.

Nos lignes de bataille se développaient dans la plaine, au-devant du fort d'Aubervilliers, principalement entre la route de Lille et celle des Petits-Ponts, et entre cette dernière et la route de Bondy. Une brigade de Saint-Denis vint renforcer cet amas considérable de troupes: moitié ligne et moitié mobile. Des escouades du génie et de travailleurs s'installaient aux tranchées; l'artillerie sillonnait la plaine en tous sens, courant prendre ses positions avancées. Un long train roulait sur le chemin de fer de Strasbourg, apportant dans ses nombreux fourgons probablement des vivres et des munitions.

Drancy est occupé en force par nos troupes; les tirailleurs nettoient la plaine entre Blanc-Mesnil et le Bourget. A dix heures, sur ce dernier point, la fusillade, depuis quelques moments intermittente, semble prendre de l'élan et remonter tout autour du Bourget. Le général Trochu, suivi de son état-major, gagne au galop la Suiferie; de là, à environ 1,000 mètres du parc, il dirige les opérations. Quatre bataillons de mobiles de la Seine sont massés derrière un haut et large bâtiment, sur la même hauteur, à la droite de la route.

Sur le chemin de fer, en avant de la Courneuve, on aperçoit deux locomotives blindées, qui manœuvrent rapidement, s'approchant du Bourget, et font feu chacune de leurs deux pièces.

Cependant la fusillade recule de nouveau; le fort d'Aubervilliers, en reprenant son feu, indique que les Prussiens nous débusquent des abords du village. Les blessés sont rapportés assez nombreux, entre autres un capitaine des francs-tireurs; on remarque, en assez grand nombre, des blessés du 34e de ligne.

Sur un ordre du général, l'artillerie de campagne arrive au grand trot. Une batterie de 4 s'établit droit en face le mur blanc du parc; elle commence à le démolir. Arrivent à la rescousse deux grosses batteries de 12 : de grandes brèches s'ouvrent dans le mur; mais une vive fusillade accueille toujours les attaques d'infanterie. A une heure, le général Trochu s'éloigne. Un peu auparavant, on voit passer un fort détachement d'artillerie, six à sept batteries, se dirigeant sur Stains.

Il est évident que, pour aujourd'hui, il faut nous contenter d'ébranler les forces du Bourget, afin de ne pas risquer, par un nouveau coup de main, des pertes disproportionnées.

La batterie du Bourget semble mettre le feu aux batteries de Drancy. Là, le terrain monte en pente très-douce; sur le plateau, s'étend le village; de l'autre côté, en regardant l'ennemi, un grand parc, attenant au château de M. de Ladoucette. Ce parc est occupé par nos tirailleurs. A droite du village, à l'abri des premiers murs sur la campagne, une artillerie très-forte est installée : pièces de 12, et même pièces de 24 courtes. Elles pointent vigoureusement et sans relâche sur les ouvrages ennemis qui, d'en face, soutiennent le Bourget et tiennent de front contre le développement de notre centre.

Pendant trois heures, la canonnade n'a pas cessé, redoublée, acharnée de notre part ; les coups se succédaient rapides et continus. Grâce à ce puissant effort, les Prussiens ont dû renoncer à inquiéter ou à empêcher le mouvement en avant, premier début de notre opération. Quelques obus arrivaient bien sur Drancy ; mais ils ont fait peu de mal ; quelques artilleurs et quelques chevaux seuls ont été mis hors de combat.

Pendant toute l'action, l'infanterie est restée sur le versant légèrement ondulé, en arrière de Drancy, sur la longueur du Bourget à Bondy.

Les piquets étaient prêts; les soldats, rangés par régiments, se promenaient de long en large, afin de remplacer par l'exercice le feu de bivouac absent. Car le froid a été intense : il brûlait la figure et engourdissait les membres. Mais, par bonheur, les soldats, cette fois, avaient leur couverture. Par une innovation heureuse, ils la portent suspendue par-devant, pliée sur la poitrine et le ventre; aussi ils ont le corps plus chaud, et, à l'occasion, cet épais plastron de laine les garantit contre les balles déjà mourantes.

3.

Enfin, avantage non à dédaigner, les replis de la couverture servent de manchon commode pour les mains.

Nous jouons vraiment de guignon avec le temps : il s'était radouci, la journée de mardi avait été à la fois douce et non brouillassée ; mais voilà que, le jour même où nous partons en campagne, il se met à geler à pierre fendre. Mais il faut croire que les Prussiens, tout préoccupés des fameux Krupp, n'ont pas eu le loisir d'apporter chacun le poêle géant qui orne toute maison allemande.

La tactique est excellente de n'avoir engagé sur le point important et central de Drancy qu'un combat d'artillerie. C'est à elle qu'il appartient d'ouvrir les voies à l'infanterie : et puisque nous en possédons un nombre formidable, pourquoi l'épargner ? C'est à ce moment qu'ils ont pratiqué dans les murailles de pierre ou dans les murailles vivantes de larges et faciles brèches, que le soldat put utilement donner. C'est dans ce sens, probablement, qu'il faut prendre la canonnade de Drancy. A notre droite, Bondy est très-fortement occupé. Dans les environs se trouve un magnifique régiment de gendarmes à pied. Mais sauf quelques légères tiraillades, là, pas plus qu'à Drancy, les troupes n'ont été engagées : toujours l'artillerie.

La forêt est observée par de très-fortes batteries disposées en équerre de chaque côté du pont du canal et sur la droite du canal. Par leurs feux, elles ont maintenu l'ennemi dans ses bois et ses ouvrages. On en aperçoit un distinctement à la lisière de la forêt, à droite de Bondy.

Les Prussiens ont riposté, mais faiblement ; si bien qu'une estafette de chez nous a cru que la position était à nous. Pour passer par le plus court sur Drancy, il pique droit sur l'ennemi, et va donner sur un cavalier bleu de Prusse. Aussitôt il enlève son cheval et passe droit devant son vis-à-vis, ébahi d'une telle audace.

A trois heures et demie, la canonnade cesse sur toute la ligne. Nos troupes se disposent à camper sur le terrain occupé le matin même : une division se loge dans le Drancy. Déjà les feux s'allument, lorsque les Prussiens s'avisent de renouveler la fusillade et de lancer sur nos camps quelques obus. Mais nous avons une forte avant-garde, abritée derrière les murs. Cette velléité de reprise du combat ne dure pas ; elle s'éteint avec le jour.

A cinq heures, une longue ligne de feu et de fumée se projette, au-dessous de nos camps, au pied des forêts de Romainville et de Noisy.

L. JEZIERSKI.

Voici le rapport militaire publié le soir sur l'ensemble des événements :

La journée d'hier n'est que le commencement d'une série d'opérations. Elle n'a pas eu, elle ne pouvait guère avoir de résultats définitifs ; mais elle peut servir à établir deux points importants : l'excellente tenue de nos bataillons de marche engagés pour la première fois, qui se sont montrés dignes de leurs camarades de l'armée et de la mobile, et la supériorité de notre nouvelle artillerie, qui a éteint complétement les feux de l'ennemi.

Si nous n'avions pas été contrariés par l'état de l'atmosphère, il n'est pas douteux que le village du Bourget serait resté entre nos mains. A l'heure où nous écrivons, le général-gouverneur de Paris a réuni les chefs de corps, pour se concerter avec eux sur les opérations ultérieures.

La nuit dernière, des soldats ennemis restés dans les caves de Ville-Évrard ont fait une attaque sur les postes occupés par les troupes. Nos hommes ayant riposté vigoureusement, ont tué ou fait prisonniers la plus grande partie des assaillants. Malheureusement, le général Blaise, qui s'était porté en toute hâte à la tête de ses troupes, a été mortellement atteint. Il est l'objet des plus vifs regrets dans la brigade qu'il commandait depuis le commencement du siége, et l'armée perd en lui un de ses chefs les plus vigoureux.

Les pertes de l'ennemi ont été des plus sérieuses aux affaires d'hier ; elles sont confirmées par les prisonniers qui ont été faits sur les différents points.

P. O. Le général, chef d'état-major général,

SCHMITZ.

Le 27 décembre, ce sont les Prussiens qui prirent l'offensive. Depuis la bataille de Champigny, nous avions conservé le plateau d'Avron. Nous y avions installé de l'artillerie, commencé des travaux de terrassement, pour abriter les troupes et les canons; mais soit négligence, soit que le grand froid et la gelée aient paralysé les travailleurs, ces terrassements n'étaient ni suffisants ni assez solides pour nous protéger contre une attaque d'artillerie qu'il fallait prévoir. Les Prussiens démasquèrent en effet trois batteries de gros calibre au-dessus de la route de l'Hermitage, au Raincy ; trois batteries à Gagny; trois batteries à Noisy-le-Grand, trois batteries au pont de Gournay, et commencèrent le 27 décembre le bombardement des forts de Noisy, de Rosny, de Nogent et du plateau d'Avron. A l'attaque subite et d'ensemble des Prussiens, l'artillerie française riposta vigoureusement et réussit à démonter quelques pièces; mais le 29, Avron n'était plus tenable, et l'ordre fut donné d'évacuer la position.

L'irritation de Paris fut très-grande à cette nouvelle; on accusa ouvertement le gouvernement d'incapacité et même de trahison; la désespérance commençait à envahir les âmes.

Le bombardement du corps de place, qui loin d'affaiblir releva tous les courages, allait bientôt commencer.

Le 31 décembre, le général Trochu adressait à la population et à l'armée l'inutile proclamation que voici :

Citoyens et soldats,

De grands efforts se font pour rompre le faisceau des sentiments d'union et de confiance réciproque auxquels nous devons de voir Paris, après plus de cent jours de siége, debout et résistant. L'ennemi, désespérant de livrer Paris à l'Allemagne pour la Noël, comme il l'a solennellement annoncé, ajoute le bombardement de nos avancées et de nos forts aux procédés si divers d'intimidation par lesquels il a cherché à énerver la défense.

On exploite devant l'opinion publique les mécomptes dont un hiver extraordinaire, des fatigues et des souffrances infinies ont été la cause pour nous. Enfin, on dit que les membres du gouvernement sont divisés dans leurs vues sur les grands intérêts dont le direction leur est confiée.

L'armée a subi de grandes épreuves, en effet, et elle avait besoin d'un court repos que l'ennemi lui dispute par le bombardement le plus violent qu'aucune troupe ait jamais éprouvé ! Elle se prépare à l'action avec le concours de la garde nationale de Paris, et, tous ensemble, nous ferons notre devoir.

Enfin, je déclare ici qu'aucun dissentiment ne s'est produit dans les conseils du gouvernement, et que nous sommes tous étroitement unis en face des angoisses et des périls du pays, dans la pensée et dans l'espoir de sa délivrance.

Le gouverneur de Paris,

GÉNÉRAL TROCHU.

CHAPITRE V

SUITE DES ÉVÉNEMENTS : Batailles de Montretout et de Buzenval. — Mouvement révolutionnaire du 22 à l'Hôtel de ville. — Continuation du bombardement. — L'armistice.

C'est le 5 janvier que les premiers obus lancés des hauteurs de Châtillon tombèrent dans l'enceinte. Le bombardement de la ville tient une place si importante dans l'histoire du siége, il a produit sur la physionomie de Paris une impression si forte et il a si singulièrement agi *psychologiquement* sur le courage de tous, que nous croyons devoir y revenir dans un chapitre spécial. Pendant vingt-cinq jours et vingt-cinq nuits, il n'y eut dans les quartiers de la rive gauche ni un moment de panique ni un moment d'abattement. La population, qui pouvait quitter ses foyers, se replia tranquillement sur les autres quartiers; celle que ses devoirs ou ses affaires obligeaient à demeurer n'abandonna pas une seconde ses fonctions ou ses habitudes. Cependant les projectiles n'épargnaient ni les hôpitaux, ni les ambulances, ni les musées, ni les femmes, ni les enfants! Pendant toute cette période, tout le monde fut héroïque; personne ne sentit la peur.

Le 11, le gouvernement de la défense nationale rendit le décret suivant :

« Considérant que les devoirs de la République sont les

mêmes à l'égard des victimes du bombardement de Paris qu'à l'égard de ceux qui succombent les armes à la main pour la défense de la patrie,

« Décrète :

« Tout Français atteint par les bombes prussiennes est assimilé au soldat frappé par l'ennemi.

« Les veuves de ceux qui auront péri par l'effet du bombardement de Paris, les orphelins de père ou de mère qui auraient péri de même sont assimilés aux veuves et orphelins des soldats tués à l'ennemi.

« Fait à Paris, le 11 janvier 1871.

« *Les membres du gouvernement.* »

Depuis la bataille infructueuse du 21 décembre, on n'avait rien tenté de sérieux contre l'ennemi. La première quinzaine de janvier s'était écoulée en reconnaissances stériles et sans résultat. Le général Trochu avait placardé cette phrase sur les murs de Paris : *Le gouverneur ne capitulera pas.* Mais chacun sentait que la situation devait aboutir violemment et promptement. Le pain rationné devenait de jour en jour plus noir, et la viande de cheval de moins en moins abondante. Le reste, le vin et le café exceptés, n'existait plus depuis longtemps déjà pour la masse de la population. L'idée de capituler, malgré l'affirmation officielle de son affiche, était certainement entrée dans le cerveau du gouverneur, et avait acquis la majorité dans le conseil. Le gros de la population et la garde nationale conservaient au contraire l'espoir de sauver Paris, et dans tous les cas, la volonté de se défendre jusqu'à la mort. Les régiments de marche, qui avaient courageusement, à quelques exceptions près, tenu les avant-postes et combattu le 21 décembre et dans quelques affaires partielles, avaient droit d'attendre un combat où ils joueraient le principal rôle. La bataille du 19 janvier fut un compromis et une concession du gouvernement à l'opinion publique. Comme tout ce qu'on entreprend sans avoir foi pleine et entière, l'affaire échoua par l'inhabileté des chefs.

Le 18 janvier, toutes les troupes cantonnées à l'est de Paris traversaient la place par la rue de Rivoli et les boulevards, se dirigeaient sur Courbevoie, où se trouvaient massés des régiments de toutes armes et de nombreux bataillons de la garde nationale. En même temps, la proclamation suivante était adressée aux habitants :

CITOYENS,

L'ennemi tue nos femmes et nos enfants; il nous bombarde jour et nuit; il couvre d'obus nos hôpitaux. Un cri : Aux armes! est sorti de toutes les poitrines.

Ceux d'entre nous qui peuvent donner leur vie sur le champ de bataille marcheront à l'ennemi; ceux qui restent, jaloux de se montrer dignes de l'héroïsme de leurs frères, accepteront au besoin les plus dures sacrifices comme un autre moyen de se dévouer pour la patrie.

Souffrir et mourir, s'il le faut, mais vaincre.

Vive la République!

Les membres du gouvernement,

JULES FAVRE, JULES FERRY, JULES SIMON, EMMANUEL ARAGO, E. PICARD, GARNIER-PAGÈS, EUG. PELLETAN.

Les ministres,

GÉNÉRAL LE FLÔ, DORIAN, MAGNIN.

Les secrétaires du gouvernement,

HÉROLD, LAVERTUJON, DURIER, DRÉO.

D'autre part, le ministre de la guerre publiait l'ordre que voici :

Un ordre du gouvernement de la défense nationale m'a investi, en l'absence du gouverneur de Paris, le général Trochu, du commandement des troupes de la garde nationale, de la garde mobile et de l'armée qui restent chargées de la défense de Paris, des forts et des ouvrages avancés.

J'entre, à dater de ce jour, en possession de ce commandement. Le commandant en chef de Saint-Denis, les commandants en chef du génie et de l'artillerie, les chefs d'état-major généraux de la garde nationale et de l'armée, tous les généraux de division et de brigade chargés de commandements supérieurs, les commandants des divers groupes des forts et des secteurs passent, en conséquence, sous mes ordres directs. Ils devront se mettre, pour toutes les questions d'ensemble ou de détail qui intéressent la défense et les divers services, en relations directes avec moi.

Les commandants en chef du génie et de l'artillerie, le chef d'état-major général de l'armée et celui de la garde nationale, un officier de l'état-major de chaque arrondissement de commandement, le général commandant la 1re division et l'intendant de cette même division se réuniront aujourd'hui, au ministère de la guerre, à une heure de l'après-midi.

Cette réunion constituera le rapport quotidien.

Paris, 19 janvier 1871.

Le ministre de la guerre, gouverneur de Paris par intérim,

LE FLÔ.

La bataille eut lieu dans l'espace compris entre la Seine, en avant du Mont-Valérien, de la Jonchère à Garches. Les Prussiens, appuyés à gauche sur Bougival, à droite sur Saint-Cloud, barraient le chemin à nos troupes par l'important passage de la Bergerie, étagée sur deux contreforts moins élevés, Buzenval et la Jonchère.

L'armée française était partagée en trois colonnes composées de troupes de ligne, de garde mobile et de garde nationale mobilisée.

Celle de gauche, sous les ordres du général Vinoy, devait enlever la redoute de Montretout, les maisons de Béarn, Pozzo di Borgo et Zimmermann.

Celle du centre (général de Bellemarre) devait enlever la partie est du plateau de la Bergerie.

Celle de droite (général Ducrot) avait pour objectif le parc de Buzenval, et devait attaquer Longboyau pour se porter de là sur le haras Lupin.

Par suite d'un inconcevable encombrement survenu dans la nuit, l'aile droite (général Ducrot) n'entrait en ligne qu'à onze heures, tandis que la gauche et le centre ayant attaqué dès le matin, étaient déjà maîtresses de Montretout et du plateau de la Bergerie ; mais, pour s'y maintenir, le général de Bellemarre avait été forcé d'engager ses réserves.

A onze heures, comme nous l'avons dit, Ducrot s'engageait vivement par Longboyau, mais rencontrait une résistance acharnée, grâce aux barricades et aux créneaux dont les murs du parc étaient armés. Plusieurs fois le général ramena ses troupes à l'attaque, sans pouvoir gagner du terrain de ce côté.

Vers les quatre heures, un retour offensif de l'ennemi contre notre droite et notre centre fit reculer nos troupes, qui cependant réussirent encore à s'emparer des hauteurs. Alors il eût fallu de l'artillerie, beaucoup d'artillerie ; le terrain, détrempé et boueux par le dégel et les pluies des jours précédents, ne permit pas d'amener des canons. Pour éviter une attaque certaine le lendemain matin, dans des conditions défavorables, on ordonna la retraite, au grand étonnement des gardes nationaux qui entendaient poursuivre sur Versailles. On se retira fort désappointé sous le Mont-Valérien, en arrière de nos tranchées.

Nos pertes de Buzenval avaient été considérables ; elles étaient loin pourtant de justifier les termes de la dépêche du général Trochu demandant des voitures d'ambulance et des secours.

Cette exagération volontaire de nos pertes prouve que le général, convaincu désormais de son insuffisance, espérait tourner les esprits vers la capitulation en jetant le désespoir dans Paris. L'émotion allait grandissant d'heure en heure, quand on apprenait par quelles fautes et quelle imprévoyance du commandement tant d'efforts et tant de sang avaient été inutiles.

Le 22, le gouvernement semblait donner raison aux récriminations de l'opinion en supprimant le titre et les foncons de gouverneur au général Trochu, qui restait président u conseil, et en donnant le commandement en chef au énéral Vinoy, qui adressait l'ordre du jour suivant à armée :

ORDRE DU JOUR DU GÉNÉRAL VINOY, A L'ARMÉE DE PARIS.

Le gouvernement de la défense nationale vient de me placer à otre tête; il fait appel à votre patriotisme et à mon dévouement: n'ai pas le droit de m'y soustraire. C'est une charge bien lourde; n'en veux accepter que le péril, et il ne faut pas se faire d'illuions.

Après un siége de plus de quatre mois, glorieusement soutenu ar l'armée et par la garde nationale, virilement supporté par la opulation de Paris, nous voici arrivés au moment critique. Refuser dangereux honneur du commandement dans une semblable cironstance, serait ne pas répondre à la confiance qu'on a mise en noi.

Je suis soldat, et ne sais pas reculer devant le danger que peut ntraîner cette grande responsabilité.

A l'intérieur, le parti du désordre s'agite, et cependant le canon ronde. Je veux être soldat jusqu'au bout : j'accepte ce danger, ien convaincu que le concours des bons citoyens, celui de l'arnée et de la garde nationale ne me feront pas défaut pour le mainen de l'ordre et le salut commun.

GÉNÉRAL VINOY.

Une grande agitation régnait dans les clubs; les cris : *la Commune! la déchéance!* annonçaient un mouvement pour e lendemain. Voici, sans commentaires, le récit assez xact du *Journal officiel* sur les événements du 22 janvier :

La nuit dernière, au moment même où le gouvernement de la éfense nationale achevait de délibérer sur les nouvelles mesures ont le *Journal officiel* a, ce matin, informé le public, on apprenait ue la prison de Mazas venait d'être forcée par une poignée d'agiateurs. Plusieurs prévenus politiques, parmi lesquels M. Flourens, vaient été mis de vive force en liberté.

Après ce premier acte de violence, les émeutiers, en assez petit nombre, se sont portés sur la mairie du XXe arrondissement, dans le but d'y installer le quartier général de l'insurrection. Leur entreprise n'a pas obtenu un succès de longue durée. Néanmoins, elle s'est assez prolongée pour qu'ils aient pu commettre les actes les plus blâmables. Les insurgés, en effet, au risque de livrer au supplice de la faim toute la population indigente de Belleville, se sont emparés de deux mille rations de pain. Ils ont en outre bu une barrique de vin réservée aux nécessiteux, et dévalisé un épicier du voisinage.

M. Flourens s'est retiré en déclarant qu'on n'était point en nombre et qu'on reviendrait.

Le commandant du 2e secteur, aussitôt qu'il a été avisé de l'envahissement de la mairie, a envoyé quelques compagnies de garde nationale, et la mairie a été évacuée sans effusion de sang. A six heures et demie, l'ordre était complétement rétabli à Belleville.

Pendant la matinée, la ville semblait calme, tout danger de tumulte paraissait écarté. Le conseil de gouvernement, constitué en permanence, délibérait avec le nouveau commandant en chef, dont on venait d'afficher la proclamation.

Une autre réunion avait lieu au ministère de l'instruction publique, elle se composait de MM. Dorian et Jules Simon, membres du gouvernement; de MM. François Favre, Henri Martin, Arnaud de l'Ariége, Clémenceau, Bonvalet, Tirard et Hérisson, maires de divers arrondissements de Paris; enfin de neuf officiers, parmi lesquels on comptait un général, huit colonels et trois chefs d'escadron. Deux des colonels présents appartenaient à la garde nationale. Cette réunion a donné lieu à une discussion des plus intéressantes, et tous les assistants, tour à tour consultés, ont apporté au débat le tribut de leur expérience et de leur patriotisme.

A l'heure même de cette réunion, les émeutiers vaincus le matin à la mairie de Belleville reprenaient courage. La place de l'Hôtel-de-Ville se garnissait de groupes nombreux et animés, sans qu'il y eût pourtant à prévoir aucune tentative de violence. Deux députations avaient été successivement introduites auprès des membres de la municipalité; le colonel Vabre, commandant militaire, les reconduisait jusqu'à la grille extérieure, lorsque cent ou cent cinquante gardes nationaux appartenant pour la plupart au 101e bataillon de marche, avec officiers et tambours, débouchèrent sur la place de l'Hôtel-de-Ville.

Il n'y avait en ce moment aucune troupe au dehors; on avait même retiré les factionnaires de l'extérieur. Seuls, le commandant de l'Hôtel de ville et les officiers du bataillon du Finistère étaient sur le trottoir, entre la grille et la façade, parlant à la foule et l'exhortant au calme. Tout à coup les gardes nationaux qui venaient d'arriver et qui s'étaient disposés, non en masse, mais par petits groupes, répandus selon un certain ordre, sur toute l'étendue de la place, mirent le genou en terre et firent feu sur trois ou quatre officiers de la garde mobile placés auprès de la porte de la mairie, sans les atteindre. Le colonel Vabre, qui était devant l'autre porte, celle du Gouvernement, les interpelle avec indignation. Un individu en bourgeois, qui paraissait donner des ordres aux gardes nationaux, et qui se vantait d'être un commandant révoqué, donna l'ordre de faire feu, cette fois, sur le colonel. Une centaine de coups sont tirés. Un des officiers de la garde mobile, l'adjudant-major Bernard, est grièvement blessé aux deux bras et à la tête. C'est seulement en le voyant tomber que les gardes mobiles font feu à leur tour, et la place se trouve instantanément vidée.

Néanmoins tout n'était pas terminé.

La fusillade recommença. Elle partait des encoignures des rues qui font face à la place, des angles du quai et de la rue de Rivoli; elle partait surtout des fenêtres des deux maisons voisines du bâtiment de l'Assistance publique. Le feu des assaillants était dirigé contre les fenêtres du premier étage de l'Hôtel de ville, dont tous les carreaux furent brisés.

Malgré l'emploi de balles explosibles et de petites bombes fulminantes qu'on a ramassées en grand nombre au dedans et au dehors de l'Hôtel de ville nul n'a été blessé dans l'intérieur. — Au bout de quelques minutes, l'arrivée des gardes républicains mettait en fuite les émeutiers. — Une vingtaine d'individus ont été faits prisonniers dans les maisons d'où la fusillade était partie.

Ce triste combat, engagé au bruit des obus prussiens qui pleuvaient sur la rive gauche et sur la ville de Saint-Denis, n'a pas duré plus de vingt minutes. Le capitaine du 101e a été arrêté. D'après les renseignements recueillis jusqu'à présent, il y aurait cinq morts et dix-huit blessés.

Dans la soirée du 23, le gouvernement faisait afficher la proclamation suivante :

CITOYENS,

Un crime odieux vient d'être commis contre la Patrie et contre la République.

Il est l'œuvre d'un petit nombre d'hommes qui servent la cause de l'étranger.

Pendant que l'ennemi nous bombarde, ils ont fait couler le sang de la garde nationale et de l'armée sur lesquelles ils ont tiré.

Que ce sang retombe sur ceux qui le répandent pour satisfaire leurs criminelles passions.

Le gouvernement a le mandat de maintenir l'ordre, l'une de nos principales forces en face de la Prusse.

C'est la cité tout entière qui réclame la répression sévère de cet attentat audacieux et la ferme exécution des lois.

Le gouvernement ne faillira pas à son devoir.

Paris, le 22 janvier 1871.

Les membres du gouvernement de la défense nationale,

GÉNÉRAL TROCHU, JULES FAVRE, EMMANUEL ARAGO, JULES FERRY, GARNIER-PAGÈS, EUGÈNE PELLETAN, ERNEST PICARD, JULES SIMON.

Les ministres,

GÉNÉRAL LE FLÔ, DORIAN, MAGNIN.

Les secrétaires du gouvernement,

ANDRÉ LAVERTUJON, HÉROLD, DURIER, DRÉO.

Le bombardement continue sur la rive gauche avec une violence plus terrible que jamais, et du côté du nord, de nouvelles batteries prussiennes ouvrent leur feu sur Saint-Denis. La population, prise au dépourvu, se replie en tumulte sur Paris; Saint-Cloud brûle; le palais, les casernes, la mairie, tout n'est qu'un immense brasier! Les nouvelles de province viennent ajouter à notre désespoir : Chanzy a perdu le Mans; Faidherbe a perdu Saint-Quentin; Bourbaki, dans l'Est, est compromis; nos magasins de farines et de grains sont absolument vides. Paris va mourir de faim. Le ministre des affaires étrangères s'est rendu à Versailles.

L'armistice est signé le 28, et l'ordre est donné de cesser les feux de part et d'autre sur toute la ligne avant minuit.

CONVENTION

Entre M. le comte de Bismark, chancelier de la Confédération germanique, stipulant au nom de S. M. l'empereur d'Allemagne, roi de Prusse, et M. Jules Favre, ministre des affaires étrangères du gouvernement de la défense nationale, munis de pouvoirs réguliers,

Ont été arrêtées les conventions suivantes :

Article premier. — Un armistice général, sur toute la ligne des opérations militaires en cours d'exécution entre les armées allemandes et les armées françaises, commencera pour Paris aujourd'hui même, pour les départements dans un délai de trois jours; la durée de l'armistice sera de vingt et un jours, à dater d'aujourd'hui, de manière que, sauf le cas où il serait renouvelé, l'armistice se terminera partout le dix-neuf février, à midi.

Les armées belligérantes conserveront leurs positions respectives, qui seront séparées par une ligne de démarcation. Cette ligne partira de Pont-l'Evêque, sur les côtes du département du Calvados, se dirigera sur Lignières, dans le nord-est du département de la Mayenne, en passant entre Briouze et Fromentel; en touchant au département de la Mayenne à Lignières, elle suivra la limite qui sépare ce département de celui de l'Orne et de la Sarthe, jusqu'au nord de Morannes, et sera continuée de manière à laisser à l'occupation allemande les départements de la Sarthe, Indre-et-Loire, Loir-et-Cher, du Loiret, de l'Yonne, jusqu'au point où, à l'est de Quarré-les-Tombes, se touchent les départements de la Côte-d'Or, de la Nièvre et de l'Yonne. A partir de ce point, le tracé de la ligne sera réservé à une entente qui aura lieu aussitôt que les parties contractantes seront renseignées sur la situation actuelle des opérations militaires en exécution dans les départements de la Côte-d'Or, du Doubs et du Jura. Dans tous les cas, elle traversera le territoire composé de ces trois départements, en laissant à l'occupation allemande les départements situés au nord, à l'armée française ceux situés au midi de ce territoire.

Les départements du Nord et du Pas-de-Calais, les forteresses de Givet et de Langres, avec le terrain qui les entoure à une distance de dix kilomètres, et la péninsule du Havre, jusqu'à une ligne à tirer d'Étretat, dans la direction de Saint-Romain, resteront en dehors de l'occupation allemande.

Les deux armées belligérantes et leurs avant-postes de part et d'autre, se tiendront à une distance de dix kilomètres au moins des lignes tracées pour séparer leurs positions.

Chacune des deux armées se réserve le droit de maintenir son autorité dans le territoire qu'elle occupe, et d'employer les moyens que ses commandants jugeront nécessaires pour arriver à ce but.

L'armistice s'applique également aux forces navales des deux pays, en adoptant le méridien de Dunkerque comme ligne de démarcation; à l'ouest de laquelle se tiendra la flotte française, et à l'est de laquelle se retireront, aussitôt qu'ils pourront être avertis, les bâtiments de guerre allemands qui se trouvent dans les eaux occidentales. Les captures qui seraient faites après la conclusion et avant la notification de l'armistice, seront restituées, de même que les prisonniers qui pourraient être faits de part et d'autre, dans des engagements qui auraient lieu dans l'intervalle indiqué.

Les opérations militaires sur le terrain des départements du Doubs, du Jura et de la Côte-d'Or, ainsi que le siége de Belfort, se continueront indépendamment de l'armistice, jusqu'au moment où on se sera mis d'accord sur la ligne de démarcation dont le tracé à travers les trois départements mentionnés a été réservé à une entente ultérieure.

Article 2. — L'armistice ainsi convenu a pour but de permettre au gouvernement de la défense nationale de convoquer une assemblée librement élue qui se prononcera sur la question de savoir si la guerre doit être continuée, ou à quelles conditions la paix doit être faite.

L'assemblée se réunira dans la ville de Bordeaux.

Toutes les facilités seront données par les commandants des armées allemandes pour l'élection et la réunion des députés qui la composeront.

Article 3. — Il sera fait immédiatement remise à l'armée allemande, par l'autorité militaire française, de tous les forts formant le périmètre de la défense extérieure de Paris, ainsi que de leur matériel de guerre. Les communes et les maisons situées en dehors de ce périmètre ou entre les forts pourront être occupées par les troupes allemandes, jusqu'à une ligne à tracer par des commissaires militaires. Le terrain restant entre cette ligne et l'enceinte fortifiée de la ville de Paris sera interdit aux forces armées des deux parties. La manière de rendre les forts, et le tracé de la ligne mentionnée formeront l'objet d'un protocole à annexer à la présente Convention.

Article 4. — Pendant la durée de l'armistice, l'armée allemande n'entrera pas dans la ville de Paris.

Article 5. — L'enceinte sera désarmée de ses canons, dont les affûts seront transportés dans les forts à désigner par un commissaire de l'armée allemande (1).

Article 6. — Les garnisons (armée de ligne, garde mobile et marins) des forts et de Paris seront prisonnières de guerre, sauf une division de douze mille hommes que l'autorité militaire dans Paris conservera pour le service intérieur.

Les troupes prisonnières de guerre déposeront leurs armes, qui seront réunies dans des lieux désignés, et livrées suivant règlement, par commissaires, suivant l'usage; ces troupes resteront dans l'intérieur de la ville, dont elles ne pourront pas franchir l'enceinte pendant l'armistice. Les autorités françaises s'engagent à veiller à ce que tout individu appartenant à l'armée et à la garde mobile reste consigné dans l'intérieur de la ville. Les officiers des troupes prisonnières seront désignés par une liste à remettre aux autorités allemandes.

A l'expiration de l'armistice, tous les militaires appartenant à l'armée consignée dans Paris auront à se constituer prisonniers de guerre de l'armée allemande, si la paix n'est pas conclue jusque-là.

Les officiers prisonniers conserveront leurs armes.

Article 7. — La garde nationale conservera ses armes ; elle sera chargée de la garde de Paris et du maintien de l'ordre. Il en sera de même de la gendarmerie et des troupes assimilées, employées dans le service municipal, telles que garde républicaine, douaniers et pompiers ; la totalité de cette catégorie n'excédera pas trois mille cinq cents hommes.

Tous les corps de francs-tireurs seront dissous par une ordonnance du gouvernement français.

(1) Dans le protocole, cette condition du transport des affûts dans les forts a été abandonnée par les commissaires allemands sur la demande des commissaires français.

Article 8. — Aussitôt après la signature des présentes et avant la prise de possession des forts, le commandant en chef des armées allemandes donnera toutes facilités aux commissaires que le gouvernement français enverra, tant dans les départements qu'à l'étranger, pour préparer le ravitaillement et faire approcher de la ville les marchandises qui y sont destinées.

Article 9. — Après la remise des forts et après le désarmement de l'enceinte et de la garnison stipulés dans les articles 5 et 6, le ravitaillement de Paris s'opérera librement par la circulation sur les voies ferrées et fluviales. Les provisions destinées à ce ravitaillement ne pourront être puisées dans le terrain occupé par les troupes allemandes, et le gouvernement français s'engage à en faire l'acquisition en dehors de la ligne de démarcation qui entoure les positions des armées allemandes, à moins d'autorisation contraire donnée par les commandants de ces dernières.

Article 10. — Toute personne qui voudra quitter la ville de Paris devra être munie de permis réguliers délivrés par l'autorité militaire française, et soumis au visa des avant-postes allemands. Ces permis et visas seront accordés de droit aux candidats à la députation en province et aux députés à l'Assemblée.

La circulation des personnes qui auront obtenu l'autorisation indiquée, ne sera admise qu'entre six heures du matin et six heures du soir.

Article 11. — La ville de Paris payera une contribution municipale de guerre de la somme de deux cent millions de francs. Ce payement devra être effectué avant le quinzième jour de l'armistice. Le mode de payement sera déterminé par une commission mixte allemande et française.

Article 12. — Pendant la durée de l'armistice, il ne sera rien distrait des valeurs publiques pouvant servir de gages au recouvrement des contributions de guerre.

Article 13. — L'importation dans Paris d'armes, de munitions ou de matières servant à leur fabrication, sera interdite pendant la durée de l'armistice.

Article 14. — Il sera procédé immédiatement à l'échange de tous les prisonniers de guerre qui ont été faits par l'armée française depuis le commencement de la guerre. Dans ce but, les autorités françaises remettront, dans le plus bref délai, des listes nominatives des prisonniers de guerre allemands aux autorités militaires allemandes à Amiens, au Mans, à Orléans, à Vesoul. La mise en liberté des prisonniers de guerre allemands s'effectuera sur les points les plus rapprochés de la frontière. Les autorités allemandes remettront en échange, sur les mêmes points, et dans le plus bref délai possible, un nombre pareil de prisonniers français, de grades correspondants, aux autorités militaires françaises.

L'échange s'étendra aux prisonniers de condition bourgeoise, tels que capitaines de navires de la marine marchande allemande, et les prisonniers français civils qui ont été internés en Allemagne.

Article 15. — Un service postal pour les lettres non cachetées sera organisé entre Paris et les départements, par l'intermédiaire du quartier général de Versailles.

En foi de quoi les soussignés ont revêtu de leurs signatures et de leur sceau les présentes conditions.

Fait à Versailles, le 28 janvier 1871.

Signé : JULES FAVRE — BISMARK.

CHAPITRE VI

SUITE DES ÉVÉNEMENTS : Les élections à l'Assemblée nationale. — Annulation du décret de la délégation de Bordeaux. — Ratification des préliminaires de Versailles. — Entrée des Prussiens à Paris. — Origine de l'insurrection du 18 mars.

Quoique le mot de capitulation n'eût pas été prononcé dans les conventions signées à Versailles, et que le gouvernement eût eu soin de ne donner à la situation que l'apparence d'une suspension d'armes, il n'y avait pas à se méprendre sur le sort de Paris. Paris avait capitulé. Il est évident que, sur le point de mourir de faim et n'ayant pu réussir à franchir les lignes d'investissement, Paris devait s'attendre à tout et se résigner ; cependant la reddition des forts à l'ennemi, et le désarmement du rempart, parurent à la population des conditions si dures, qu'il y eut un moment de stupeur et d'indignation contre le ministre des affaires étrangères qui avait consenti à subir ces exigences. Ce n'était cependant pas là le reproche le plus grave à adresser à M. Jules Favre ; la stipulation à l'égard des forts était nette et déterminée. Ce qu'il y avait de terrible pour la France, c'était la continuation des opérations dans l'Est en dépit de l'armistice, sous prétexte qu'on ne pouvait encore déterminer la situation respective des deux armées. Trois jours après, on savait les conséquences désastreuses de cette réserve, et la nécessité, pour le général Bourbaki, de passer la frontière helvétique avec plus de quatre-vingt mille hommes!

Un autre danger pour Paris, c'était l'article 4 de la convention : « Pendant la durée de l'armistice, l'armée allemande n'entrera pas dans la ville de Paris. » Dans l'esprit de M. de Bismark, cela voulait dire que l'armée allemande entrerait après, ce qui arriva.

Quand on connut dans la garde nationale la clause de la reddition des forts, il y eut de la part de quelques bataillons des tentatives de résistance qui, fort heureusement, se bornèrent à une démonstration tumultueuse d'un grand nombre d'officiers dans la cour de l'Élysée où était établi l'état-major de la garde nationale. Le soir, on battit le rappel dans les faubourgs, à Montmartre et à Belleville, mais rien ne transpira, et, dès le lendemain, ce feu de paille étant éteint, les forts furent remis à l'armée allemande dans la forme usitée en pareil cas.

Conformément à l'article 2 des conventions, le *Journal officiel* du 30 janvier contenait le décret do convocation des électeurs, pour le 5 février dans le département de la Seine, pour le 8 février dans les autres départements. Aux termes du décret, l'Assemblée nationale devait se réunir à Bordeaux le 12 février, et les élections avoir lieu au scrutin de liste, conformément à la loi de 1849.

A ce moment, la délégation de Bordeaux, qui avait agi pendant toute la durée du siége sans communications régulières avec le gouvernement de Paris, et qui, grâce à l'ardent patriotisme de Gambetta, avait réussi à lever nos armées, à réveiller de leur sommeil léthargique des provinces qui ne demandaient qu'à rester chez elles et à subir l'invasion, commit la faute d'apporter aux conditions d'éligibilité à l'Assemblée nationale des restrictions capables d'allumer la guerre civile. Le décret frappait d'incapacité législative tous les membres des assemblées de l'Empire qui avaient eu recours au patronage officiel et tous ceux qui avaient été, durant l'ère impériale, ministres, sénateurs, conseiller d'État ou préfets!

Il était impossible que le gouvernement adhérât à une pareille mesure et ressuscitât, par voie d'exclusion, de véritables candidatures officielles. MM. Garnier-Pagès, Pelletan, Arago et Jules Simon se rendirent à Bordeaux pour faire cesser le malentendu et n'eurent pas de peine à y réussir. M. Gambetta leur remit sa démission.

Voici la proclamation qui annule le décret de la délégation de Bordeaux :

Français,

Paris a déposé les armes à la veille de mourir de faim.

On lui avait dit: Tenez quelques semaines, et nous vous délivrerons. Il a résisté cinq mois, et, malgré d'héroïques efforts, les départements n'ont pu le secourir.

Il s'est résigné aux privations les plus grandes. Il a accepté la ruine, la maladie, l'épuisement. Pendant un mois, les bombes l'ont accablé, tuant les femmes, les enfants. Depuis plus de six semaines, les quelques grammes de mauvais pain qu'on distribue à chaque habitant suffisent à peine à l'empêcher de mourir.

Et quand, ainsi vaincue par la plus inexorable nécessité, la grande cité s'arrête pour ne pas condamner deux millions de citoyens à la plus horrible catastrophe ; quand, profitant de son reste de force, elle traite avec l'ennemi au lieu de subir une reddition à merci au dehors, on accuse le gouvernement de la défense nationale de coupable légèreté, on le dénonce, on le rejette.

Que la France nous juge, nous et ceux qui nous comblaient hier de témoignages d'amitié et de respect, et qui aujourd'hui nous insultent !

Nous ne relèverions pas leurs attaques si le devoir ne nous commandait de tenir jusqu'à la dernière heure d'une main ferme, le gouvernail que le peuple de Paris nous a confié au milieu de la tempête. Ce devoir, nous l'accomplirons.

Lorsqu'à la fin de janvier, nous nous sommes résignés à essayer de traiter, il était bien tard. Nous n'avions plus de farine que pour dix jours, et nous savions que la dévastation du pays rendait le ravitaillement tout à fait incertain. Ceux qui se lèvent aujourd'hui contre nous ne connaîtront jamais les angoisses qui nous agitaient.

Il fallait cependant les cacher, aborder l'ennemi avec résolution, paraître encore prêts à combattre et munis de vivres.

Ce que nous voulions, le voici :

Avant tout, n'usurper aucun droit. A la France seule appartient celui de disposer d'elle-même. Nous avons voulu le lui réserver. Il a fallu de longues luttes pour obtenir la reconnaissance de sa souveraineté. Elle est le point le plus important de notre traité.

Nous avons conservé à la garde nationale sa liberté et ses armes.

Si, malgré nos efforts, nous n'avons pu soustraire l'armée et la garde mobile aux lois rigoureuses de la guerre, au moins les avons-nous sauvées de la captivité en Allemagne et de l'internement dans un camp retranché, sous les fusils prussiens.

On nous reproche de n'avoir pas consulté la délégation de Bordeaux ! On oublie que nous étions enfermés dans un cercle de fer que nous ne pouvions briser.

On oublie, d'ailleurs, que chaque jour rendait plus probable la terrible catastrophe de la famine, et, cependant, nous avons disputé le terrain pied à pied, pendant six jours, alors que la population de Paris ignorait et devait ignorer sa situation véritable, et qu'entraînée par une généreuse ardeur elle demandait à combattre.

Nous avons donc cédé à une nécessité fatale.

Nous avons pour la convocation de l'Assemblée, stipulé un armistice, alors que les armées qui pouvaient nous venir en aide étaient refoulées loin de nous.

Une seule tenait encore, nous le croyions du moins. La Prusse a exigé la reddition de Belfort. Nous l'avons refusée, et, par là même, pour protéger la place, nous avons pour quelques jours réservé la liberté d'action de son armée de secours. Mais, ce que nous ignorions, c'est qu'il était trop tard. Coupé en deux par les armées allemandes, Bourbaki, malgré son héroïsme, ne pouvait plus résister, et, après l'acte de généreux désespoir auquel il s'abandonnait, sa troupe était forcée de passer la frontière.

La convention du 28 janvier n'a donc compromis aucun intérêt, et Paris seul a été sacrifié.

Il ne murmure pas. Il rend hommage à la vaillance de ceux qui ont combattu plus loin de lui pour le secourir. Il n'accuse pas même celui qui est aujourd'hui si injuste et si téméraire, M. le ministre de la guerre, qui a arrêté le général Chanzy voulant marcher au secours de Paris, et lui a donné l'ordre de se retirer derrière la Mayenne.

Non ! tout était inutile, et nous devions succomber. Mais notre honneur est debout, nous ne souffrirons pas qu'on y touche.

Nous avons appelé la France à élire librement une Assemblée qui, dans cette crise suprême, fera connaître sa volonté.

Nous ne reconnaissons à personne le droit de lui en imposer une, ni pour la paix ni pour la guerre.

Une nation attaquée par un ennemi puissant lutte jusqu'à la dernière extrémité ; mais elle est toujours juge de l'heure à laquelle la résistance cesse d'être possible.

C'est ce que dira le pays consulté sur son sort.

Pour que son vœu s'impose à tous comme une lois respectée, il faut qu'il soit l'expression souveraine du libre suffrage de tous. Or, nous n'admettons pas qu'on puisse imposer à ce suffrage des restrictions arbitraires.

Nous avons combattu l'empire et ses pratiques ; nous n'entendons pas les recommencer en instituant des candidatures officielles par voie d'élimination.

Que de grandes fautes aient été commises, que de lourdes responsabilités en dérivent, rien n'est plus vrai ; mais le malheur de la patrie efface tout sous son niveau ; et, d'ailleurs, en nous rabaissant au rôle d'hommes de parti pour proscrire nos anciens adversaires, nous aurions la douleur et la honte de frapper ceux qui combattent et versent leur sang à nos côtés.

Se souvenir des dissensions passées quand l'ennemi foule notre sol ensanglanté, c'est rapetisser par ses rancunes la grande œuvre de la délivrance de notre patrie. Nous mettons les principes au-dessus de ces expédients.

Nous ne voulons pas que le premier décret de convocation de l'Assemblée républicaine en 1871 soit un acte de défiance contre les électeurs.

A eux appartient la souveraineté ; qu'ils l'exercent sans faiblesse, et la patrie pourra être sauvée.

Le gouvernement de la défense nationale repousse donc et annule au besoin le décret illégalement rendu par la délégation de Bordeaux, et il appelle tous les Français à voter, sans catégories, pour les représentants qui leur paraîtront les plus dignes de défendre la France.

Vive la République! vive la France!

Paris, le 4 février 1871.

Les membres du gouvernement,

GÉNÉRAL TROCHU, JULES FAVRE, JULES FERRY, GARNIER-PAGÈS, EUGÈNE PELLETAN, ERNEST PICARD, EMMANUEL ARAGO.

Les ministres,

DORIAN, GÉNÉRAL LE FLÔ, J. MAGNIN, F. HÉROLD.

Le gouvernement de la défense nationale,

Vu un décret en date du 31 janvier 1871, émané de la délégation du gouvernement à Bordeaux, par lequel sont frappées d'inéligibilité diverses catégories de citoyens éligibles aux termes des décrets du gouvernement, du 29 janvier 1871;

Considérant que les restrictions imposées au choix des électeurs par le susdit décret sont incompatibles avec le principe de la liberté du suffrage universel,

DÉCRÈTE :

Le décret susvisé, rendu par la délégation du gouvernement à Bordeaux, est annulé.

Les décrets du 29 janvier 1871 sont maintenus dans leur intégrité.

Fait à Paris, le 4 février 1871.

GÉNÉRAL TROCHU, JULES FAVRE, JULES FERRY, EMMANUEL ARAGO, EUGÈNE PELLETAN, GARNIER-PAGÈS, ERNEST PICARD.

Les élections de Paris, primitivement indiquées pour le 5 février, furent reculées jusqu'au 8, le même jour que dans les départements. Jamais plus de candidats ne briguèrent les suffrages, et jamais la discussion de leurs mérites ne fut plus ardente. Ce qu'il faut voir avant tout dans le résultat des élections de Paris, c'est la volonté unanime de sauver et de conserver la République; en second lieu, un sentiment de juste reconnaissance pour ceux qui, par leur héroïsme ou leurs efforts patriotiques pendant la durée du siége, ont le mieux mérité de la France. Malheureusement la province ne sembla pas s'inspirer des mêmes sentiments dans le choix de ses représentants. La haine ou plutôt la peur de la République a dominé les élections qui ont donné à la représentation nationale un air vieillot et réactionnaire qui n'est pas la réelle. expression du sentiment général. Ce qu'a voulu la province, à tout prix, n'importe comment et avant tout, c'est la paix. Elle l'a.

Voici le résultat définitif des élections du 8 février dans le département de la Seine.

Électeurs inscrits : 515, 605.— Suffrages exigés : 68,200.

Blanc (Louis),	216,471
Hugo (Victor),	214,169
Garibaldi,	200,065
Quinet (Edgar),	199,008
Gambetta,	191,211
Saisset,	154,347
Delescluze,	153,897
Joigneaux,	153,314
Rochefort	153,248
Schœlcher,	149,918
Pyat (Félix),	141,118
Martin (Henri),	139,155
Pothuau,	138,142
Lockroy,	134,635
Gambon,	129,573
Dorian,	128,197
Ranc,	126,572
Malon,	117,253
Brisson,	115,710
Thiers,	102,945
Sauvage,	102,690
Martin-Bernard,	102,188
Marc Dufraisse,	101,192
Greppo,	101,001
Langlois,	95,756

Frébault,	95,235
Clémenceau,	95,048
Vacherot,	95,394
Brunet,	93,345
Floquet,	93,438
Cournet,	91,648
Tolain,	89,160
Littré,	87,780
Favre (Jules),	81,126
Arnaud (de l'Ariége),	79,710
Ledru-Rollin,	76,736
Say,	75,939
Tirarp,	75,178
Razoua,	74,415
Adam (Edmond),	73,217
Millière,	73,145
Peyrat,	72,243
Farcy,	69,798

Il n'entre pas dans notre sujet de suivre à Bordeaux l'Assemblée nationale. Dès qu'elle eut nommé M. Thiers chef du pouvoir exécutif, et qu'il eut formé son cabinet, la discussion des préliminaires de paix commença à Versailles. Est-ce bien discussion, qu'il faut dire; qu'avions-nous à mettre derrière les paroles? et que pouvions-nous espérer en face du mandat impératif d'accepter la paix qu'avaient reçu la plupart des représentants. Les préliminaires furent signés le 26, on sait à quelles conditions! Mais ce qui n'avait pas été prévu, c'est que l'ennemi franchirait le mur d'enceinte de la capitale, que les Allemands fouleraient le pavé de nos rues! Pour nous épargner cette humiliation, M. de Bismark demandait Belfort, la porte de l'Est. Paris a préféré la souillure de ses boulevards à cette amputation nouvelle de la République. D'ailleurs, limitée dans le quartier des Champs-Élysées jusqu'à la place de la Concorde, l'entrée des Prussiens à Paris n'a été que ridicule et grotesque. L'attitude de la population, qui s'est tenue à l'écart, qui s'est barricadée chez elle, qui a mis autour du quartier occupé par l'ennemi un cordon sanitaire de troupes, a fait du triomphe espéré une humiliation pour le vainqueur. M. de Bismark comptait sans doute que l'assemblée, moins prompte à ratifier les préliminaires de Versailles, lui permettrait d'étendre et de prolonger l'occupation de Paris. Trente mille hommes seulement, aux termes des stipulations, avaient été introduits. Le 1er mars, à dix heures du matin, les premiers détachements descendirent l'avenue des Champs-Élysées et occupèrent le palais de l'Industrie, le Cirque et le Panorama. La Bourse n'ouvrit pas ses portes, les boutiques restèrent fermées, les statues de la place de la Concorde furent couvertes d'un voile noir. Paris suspendit sa vie. Le lendemain, 2 mars, le ministre des affaires étrangères allait porter à Versailles la notification du vote de l'Assemblée, ratifiant les préliminaires de paix par 546 voix contre 107, et demandait l'évacuation immédiate des troupes allemandes.

La garde nationale, en prévision d'une tentative de l'armée prussienne en dehors de ses limites, avait, avec le concours de la population, mis en lieu sûr les canons et les équipages d'artillerie qui se trouvaient dans les parcs voisins du faubourg Saint-Honoré, principalement sur la place Wagram. Ces canons furent traînés pour la plupart au sommet des buttes Montmartre et surveillés par les gardes nationaux du quartier. Après le départ des Prussiens, la garde de ces canons devint la cause d'un conflit des plus graves, à la suite duquel le gouvernement se vit forcé de se replier sur Versailles et de laisser Paris au pouvoir de l'insurrection dirigée par un comité, dit *Comité central de la garde nationale*. Des mesures réactionnaires, telles que la suppression de plusieurs journaux, la nomination du général d'Aurelles de Paladines comme commandant en chef de la garde nationale, du général Valentin comme préfet de police, expliquent les événements qui éclatèrent le 18 mars, sans toutefois les légitimer.

CHAPITRE VII

L'investissement moral. — La poste aérienne. — Les ballons et les pigeons. — Tentatives diverses pour envoyer et recevoir des dépêches.

On croyait de bonne foi que l'investissement complet de Paris serait chose impossible, et que, pour bloquer effectivement la place, il faudrait une armée d'au moins quinze cent mille hommes ! Comme on croit volontiers ce qu'on espère, on allait répétant partout que les communications postales avec l'extérieur ne seraient jamais complétement interrompues. Dès le 18 septembre, c'est-à-dire deux ou trois jours après l'arrivée des têtes de colonnes prussiennes devant Paris, il fallut ranger cette croyance parmi les illusions perdues. Les voitures de la poste durent rétrograder.

Le défaut presque absolu de nouvelles de l'extérieur a été pendant toute la durée du siége une des grandes douleurs de Paris; le départ précipité d'un grand nombre de femmes et d'enfants, au moment où le siége allait commencer, avait fait momentanément des vides dans presque toutes les familles parisiennes; jamais on n'avait eu plus besoin de correspondre et de rassurer les absents.

Il fallut s'ingénier pour tromper la surveillance de l'ennemi, et cela non-seulement pour satisfaire aux besoins particuliers, mais surtout pour entretenir avec la province les communications officielles si nécessaires à la défense.

La voie de terre étant presque inaccessible, on pensa naturellement aux ballons; l'idée des pigeons vint en même temps; on essaya mainte autre combinaison; on tenta d'utiliser le cours des rivières, de lancer des chiens porteurs de dépêches à travers les lignes prussiennes; on favorisa de toutes façons les tentatives individuelles des facteurs de la poste et des paysans, qui, grâce à une connaissance très-exacte des environs de Paris, s'offraient à tenter l'aventure périlleuse de forcer le blocus. Rien de cela ne réussit, tant l'assiégeant faisait bonne garde! On signala à peine, pendant les cinq mois d'investissement, trois ou quatre piétons qui réussirent à passer, porteurs de quelques dépêches.

Dès les premiers jours de septembre, en prévision de ce qui allait arriver, l'intelligent directeur général des lignes télégraphiques, M. Steenackers, avait fait poser un fil au fond de la Seine; ce fil suivait le cours du fleuve jusqu'en Normandie, d'où les dépêches auraient été transmises à leur destination par le mode habituel. Malheureusement, la destruction d'un pont en aval de Paris entraîna la rupture du fil mystérieux avant qu'on ait eu occasion de l'utiliser.

Il ne restait à Paris bloqué que les pigeons et les ballons; la poste parisienne, pendant six mois, n'eut pas d'autres agents que ceux-là. Sans les ballons, la France n'eût rien entendu de Paris; sans les pigeons, Paris n'eût rien appris de la France.

Avant d'essayer un service postal aérostatique régulier, il fallait trouver un ballon et un aéronaute. M. Rampont s'adressa d'abord à M. Mangin, propriétaire d'un ballon servant aux ascensions des fêtes suburbaines. M. Mangin promit que son ballon, fort endommagé, serait en état le 21 septembre. Le 23 septembre, le *Neptune*, appartenant à M. Nadar, et acquis par l'administration des postes, s'élevait de la place Saint-Pierre, à Montmartre, avec cent trois kilogrammes de lettres, sous la conduite de l'aéronaute Durnof. Ce fut le premier départ postal régulier, car le vieux ballon de M. Mangin avait été jugé en trop mauvais état pour être lancé le 21.

Le ballon de Durnof tomba à Évreux.

Le 25, la *Citta di Firenze* emportait M. Luze et cent quatre kilogrammes de dépêches.

M. Mangin, avec son ballon rapiécé, put partir le 26, emportant pour la première fois des pigeons voyageurs.

L'expérience était faite, et elle avait réussi. Il fallut organiser, pour le service des postes, un atelier de construction d'aérostats et former une école d'aéronautes. M. Eugène Godard fut chargé d'installer un atelier à la gare d'Orléans disposé de telle sorte que le gouvernement eût toujours à sa disposition un certain nombre de ballons et d'aéronautes. Une seconde société, dirigée par MM. Yon et Dartois, s'installa au jardin des Tuileries. Des traités furent passés entre l'administration des postes et les constructeurs, en voici les conditions principales (1). Les ballons devaient cuber deux mille mètres, être construits en percaline de première qualité, vernie à l'huile de lin et munis d'un filet en corde de chanvre goudronné, d'une nacelle pouvant recevoir quatre personnes et de tous les apparaux nécessaires : soupape, ancre, sacs de lest, etc. Avant d'être acceptés, les ballons devaient être soumis à l'épreuve suivante : remplis de gaz, demeurer suspendus pendant dix heures et soulever un poids net de cinq cents kilogrammes. Les dates de livraison étaient échelonnées à des époques fixes, avec une clause pénale de 50 francs d'amende par jour de retard. Le prix d'un ballon remplissant ces conditions était de 4,000 francs, payables par la direction des postes aussitôt après l'ascension, le ballon hors de vue.

(1) Nous empruntons les renseignements techniques de ce chapitre au travail de M. Nadié, *la poste pendant le siége*, publié dans le *Journal officiel*.

Outre les ballons montés destinés au transport des chargés de mission et de dépêches, on imagina de petits ballons en papier gommé pouvant supporter un poids net de cinquante kilogrammes. Ils furent spécialement affectés au transport des *cartes-poste*. Mais l'adoption du papier *pelure* pour la correspondance privée permit de se passer de ces auxiliaires, véritables enfants perdus, livrés sans surveillance au hasard des vents. Les ballons montés suffirent à l'envoi des lettres particulières de Paris à la province, et au transport des envoyés du gouvernement.

Le 7 octobre, l'*Armand-Barbès*, emportant M. Gambetta et M. Spuller, ouvre la série des cinquante-quatre ascensions périodiques qui se continuèrent jusqu'à l'armistice. Ces ballons eurent des fortunes diverses. Le plus grand nombre, grâce à l'intelligente énergie de leurs pilotes, arrivèrent à bon port; mais quelques-uns se perdirent ou tombèrent entre les mains de l'ennemi, sans que ces accidents aient jamais ralenti le zèle patriotique des aéronautes.

Sur la proposition de l'amiral la Roncière le Nourry, on recruta l'école aéronautique parmi les marins des forts; habitués à tous les périls de la navigation, ils ne faisaient que changer d'élément et de milieu. Le personnel de cette école se composait de trente marins, renouvelés au fur et à mesure des départs et choisis parmi les plus intelligents et les plus courageux. En suivant les détails de la fabrication de l'aérostat, en opérant le gonflement et tous les préparatifs accessoires de la construction et du départ, ils se trouvaient bien vite en état de diriger l'embarcation. Outre les trente marins, pilotes désignés des ascensions futures, le personnel des ateliers de la gare d'Orléans se composait encore de vingt douaniers chargés du séchage, du vernissage et du gonflement des aérostats, et, en outre, de cent vingt ouvrières occupées sans cesse à la couture des ballons.

Quand le bombardement vint bouleverser l'atelier, et qu'on fut obligé de le transférer à la gare de l'Est, toutes ces ouvrières, qui étaient du quartier de la Glacière, continuèrent leur besogne dans le nouvel atelier si éloigné de leur domicile.

Pendant les deux premiers mois du siége, les départs de ballons eurent ordinairement lieu le matin. Par les fraîches et lumineuses matinées d'octobre, Paris en s'éveillant apercevait dans le ciel les messagers bénis. Mais les Prussiens, avertis en même temps de la direction suivie par l'aérostat, télégraphiaient à tous les postes échelonnés son passage probable et le poursuivaient à coups de fusil, si par malheur le ballon ne s'élevait assez haut pour échapper à leur atteinte. Pour éviter ces embûches, les ballons ne s'élevèrent plus que la nuit. Il y avait à cela plusieurs avantages tirés de circonstances atmosphériques qui ne se rencontrent pas le jour, quoique M. Nadar ait attribué à ces départs nocturnes la plupart des accidents survenus aux aérostats.

Depuis la colombe légendaire de l'arche de Noé, les pigeons ont été les courriers ailés de toutes les mythologies. Vénus en abusait pour expédier à tout venant ses graveleuses dépêches, et il n'y a pas moyen de douter qu'un ramier divin ait joué près de la vierge Marie un personnage important. Les pigeons viennent d'ajouter une page illustre à leur histoire et de rajeunir, par les immenses services qu'ils ont rendus à Paris pendant le siége, leurs titres de noblesse un peu tombés dans l'oubli. Pourtant, dès que Paris se vit privé de nouvelles, il n'y eut qu'un cri de toutes parts : « Des pigeons ! des pigeons ! » Fort heureusement que les pigeons voyageurs, réclamés par l'imagination populaire, existaient réellement ; il n'eût pas été possible de les improviser.

Ce n'est guère que depuis le commencement du siècle qu'on a créé le *sport* des colombes. Les courses de pigeons, grâce aux facilités de transport créées par les chemins de fer, prirent peu à peu de l'extension dans le département du Nord et surtout en Belgique. On arriva peu à peu à lâcher des pigeons à Toulouse, à Bordeaux, à Narbonne, à

Madrid et même à Rome, et des prix considérables furent les enjeux de ces courses d'un nouveau genre. Des sociétés d'éleveurs de pigeons s'organisèrent à Roubaix, à Lille et à Turcoing, absolument comme en Angleterre ou à Paris on organise des sociétés pour les courses de chevaux.

L'*entraînement* du pigeon est un art véritable, basé sur le croisement des races, sur l'hygiène et sur les exercices de vol. Lorsque l'éleveur a choisi ses élèves, après les avoir laissés pendant plusieurs mois vivre autour du colombier pour qu'ils le connaissent parfaitement, il les expédie par chemin de fer à dix kilomètres, puis à vingt, puis à quarante. Il faut qu'un pigeon ait fait six voyages au bout de sa première année d'élevage et que la distance parcourue dans le dernier soit au moins de 200 ou 250 kilomètres.

Le pigeon voyageur est petit, de plumage très-varié; il a les pattes courtes, le bec fort, les ailes charnues et bien empennées, l'œil très-ouvert et saillant. Les trois races principales et les plus appréciées sont : la race *liégeoise*, celle d'*Anvers* et l'*Irlandaise*.

Les pigeons du siége de Paris se divisaient en deux catégories : les pigeons de départ et les pigeons d'arrivée. Les premiers étaient des provinciaux séquestrés à Paris et destinés à regagner leurs colombiers; les seconds des Parisiens emportés par les ballons et destinés au transport des dépêches de la province à Paris. C'est cette seconde catégorie qui nous rendit le plus de services, puisque la première faisait double emploi avec les ballons.

Les pigeons de départ, au nombre de 1,100, appartenaient aux sociétés colombophiles de Turcoing et de Roubaix, et avaient été mis au service de l'État sans rétribution d'aucune sorte. Gardés et soignés par deux éleveurs habiles, MM. Man et Leman, ces ramiers, nourris et logés au Muséum d'histoire naturelle, faisaient en deux heures le voyage de Paris à leur colombier.

D'autres pigeons avaient encore été expédiés à Paris venant du centre de la France, notamment par M. Eugène

Delattre, préfet de la Mayenne, qui en avait envoyé 35 avant le 15 septembre.

La société colombophile parisienne l'*Espérance* fournit au gouvernement 135 pigeons d'arrivée. Les propriétaires de ces pigeons partirent successivement par ballon pour choisir les points de départ et organiser le service, car il était nécessaire de placer les pigeons dans les conditions de retour les plus favorables, en tenant compte de leur entraînement antérieur. D'autres pigeons, offerts par des particuliers, vinrent grossir le colombier de l'État, et dès le 18 octobre, les messagers de la République arrivèrent assez régulièrement jusqu'au moment des grands froids.

Sur 363 pigeons emportés en ballons et lancés sur Paris, il n'en est rentré que 57, savoir : 4 en septembre, 18 en octobre, 17 en novembre, 12 en décembre, 3 en janvier et 3 en février.

Les localités d'où ces pigeons ont été lâchés sont Dreux, Tours, Montdidier, Blois, Vendôme, Jossigny, Orléans, Nogent-le-Rotrou, Gournay, le Havre, Saint-Pierre-les-Corps, Châtellerault et les Ormes (1).

Si le siége de Paris n'eût pas coïncidé avec la plus rude température, les voyages de pigeons eussent été plus nombreux et plus réguliers. Il faut aux pigeons voyageurs une atmosphère tiède, du soleil et de la brise. Nous n'avons eu que de la neige et des rafales. Cela n'était rien encore à côté des embûches de toutes sortes qu'ils rencontraient ; les Prussiens les tuaient à coups de fusil et les chassaient, assure-t-on, avec des faucons amenés d'Allemagne ; arrivés à Paris, ils n'étaient pas encore exempts de péril ; dès qu'un pigeon apparaissait sur un toit ou sur un arbre, la foule s'acharnait après la pauvre bête, imaginant qu'elle n'irait pas seule à son colombier et craignant qu'elle ne perdît ses dépêches. Il fallut un avis du gouvernement pour faire cesser

(1) Nadié, *la poste pendant le siége.*

ces poursuites intempestives quoique bien intentionnées, si bien que,

La volatile malheureuse,
Traînant l'aile et tirant le pié,
Demi-morte et demi-boiteuse,
Droit au logis s'en retournait,
Que bien, que mal, elle arrivait,
Sans autre aventure fâcheuse.

Plus les retours de pigeons étaient rares et difficiles, plus il fallait multiplier les dépêches dont chacun d'eux était porteur, sans cependant les fatiguer par un surcroît de fardeau. C'est ce problème délicat qui fut résolu au delà de toute espérance par le procédé microphotographique de M. Dayron. Les photographies microscopiques de M. Dayron étaient connues depuis quelques années par leur netteté et leur incroyable précision. Pour les rendre transportables par pigeons, il suffisait d'assembler sur une feuille toutes les dépêches à envoyer à Paris, de les photographier par les appareils Dayron sur une pellicule de collodion n'ayant presque pas de poids et contenant, sur une surface de deux ou trois centimètres, vingt mille lettres ou chiffres environ; d'en faire un assez grand nombre d'exemplaires, de les enfermer roulés dans un petit tuyau de plumes, enfin de coudre ces plumes à la queue d'autant de pigeons à destination de Paris.

A l'arrivée, les dépêches étaient ouvertes à la direction des télégraphes, soumises au grandissement d'une lanterne magique qui les projetait sur un écran où elles étaient copiées et déchiffrées par une série d'employés. Cette opération offrant des lenteurs et des difficultés, fut perfectionnée à la longue par l'emploi de forts microscopes et de reproductions photographiques.

Par suite d'accidents survenus à M. Dayron, et de la nécessité de se replier sur Bordeaux avec ses appareils, les dépêches microphotographiques ne fonctionnèrent régulièrement qu'à dater du 15 décembre. Depuis cette date jusqu'à la signature de l'armistice, *cent mille dépêches* environ ont été envoyées à Paris, sous l'aile de vingt-cinq ou trente pigeons au plus, ce qui fait que chacun d'eux dut apporter quatre ou cinq mille dépêches.

On peut dire que la poste aérienne est la seule qui, pendant le siége, ait donné des résultats sérieux. Le problème du retour des dépêches à Paris préoccupait si vivement l'opinion, le besoin de connaître les événements qui se passaient en province était si impérieux, que plus de cinq cents projets plus ou moins impraticables ont été soumis par des particuliers à l'examen de la direction des postes.

Nous avons dit l'accident survenu au télégraphe sous-fluvial installé par M. Steenackers avant son départ pour Tours : après lui, MM. Versoven, Delort et Robert reprirent l'idée de communications postales dissimulées par le cours de la Seine. Des boules de zinc de vingt-cinq centimètres de diamètre garnies d'ailettes devaient être jetées dans la Seine ou dans ses affluents, et suivre entre deux eaux le cours de la rivière jusqu'à Paris. Il est probable que les barrages ont arrêté ces boules métalliques ou que les Prussiens les ont découvertes, car les seules qui soient parvenues à Paris ne sont arrivées qu'après l'armistice, apportant environ huit cents lettres. Pendant tout le temps que dura le siége, la pêche au filet n'a rien produit.

On avait imaginé d'autres boules porte-dépêches, mais en verre et tout à fait semblables, entre deux eaux, à des bulles d'air, et qui devaient, grâce à leur petit volume, franchir aisément tous les obstacles, y compris les filets prussiens. Ce sont les glaces qui ont empêché cet ingénieux mode de transport.

Cependant Paris recevait quelquefois des journaux de l'extérieur. Mais ceux-là nous arrivaient par la voie prussienne. M. de Bismark avait soin de laisser passer et même de faire entrer à Paris les feuilles anglaises ou allemandes qui contenaient quelques nouvelles fâcheuses pour Paris.

Dans les commencements, nos soldats trouvaient des journaux allemands dans les sacs des Prussiens prisonniers ou tués dans les reconnaissances. Mais cette singulière source d'informations ne dura pas longtemps, car il fut défendu aux troupes allemandes d'avant-postes de recevoir ou de conserver avec eux les feuilles qui pouvaient tomber en notre pouvoir. A dater du mois de décembre, on ne trouva plus dans les sacs prussiens que des lettres intimes, comme celle qu'une Gretchen bavaroise écrivait à son Fritz, et où elle disait : « Si tu passes devant la boutique d'un bijoutier que l'on puisse *piller* facilement, apporte-moi une paire de boucles d'oreilles. »

CHAPITRE VIII

Les fortifications de Paris. — L'enceinte. — Les forts. — Les redoutes. — Description de nos ouvrages au midi de la place. — Les forts du Sud. — Les Hautes-Bruyères. — Le Moulin-Saquet. — Châtillon. — Choisy-le-Roi.

Les fortifications de Paris, et principalement celles de l'enceinte, sont plus connues maintenant de tout le monde que ne le sont la rue Vivienne ou les boulevards. Qui n'y a passé quelques nuits durant le siége, l'arme au bras et les pieds dans la boue? Quelle Parisienne n'a pas visité les bastions où elle avait son frère, son père ou son mari? Jamais transformation ne fut plus rapide que celle des quartiers voisins de l'enceinte, quand il s'est agi sérieusement d'organiser la défense. La zone militaire, envahie depuis trente ans par des constructions de toutes sortes, des usines, des ateliers, des plantations, devint en quelques jours unie comme un désert; soixante mille ouvriers, la pelle et la pioche en mains, se mirent, sous la direction du génie, à relever les talus, à fabriquer les sacs à terre, à remplir et placer les gabions. La rue militaire, sillonnée sans cesse par des chariots, des troupes, de l'artillerie, était devenue, sur tout son parcours, le rendez-vous de tout Paris, car tout Paris collaborait aux travaux de la défense. Après que les quatre-vingt-quatorze bastions furent armés, les portes construites et munies de leurs ponts-levis, de leurs avancées et de tous les impédiments destinés à en retarder l'accès, on s'occupa d'augmenter les moyens de défense des points faibles ou particulièrement menacés, comme Auteuil et le Point-du-Jour. On doubla le mur d'enceinte d'une seconde ligne, ayant pour base et pour appui les fossés du chemin de fer de ceinture, on crénela tout, on barricada tout, presque jusqu'au delà de toute raison. Sauf les constructions accessoires, telles que casemates et magasins, à la mi-octobre les travaux de défense de l'enceinte étaient complets. Le mouvement de terrain qu'ils occasionnèrent représente une somme de travail extraordinaire, inconnue jusqu'ici dans l'histoire des siéges, et que les ressources infinies de Paris permirent seules de mener à bonne fin.

Il fallut moins de travail et moins de temps pour compléter l'armement et les travaux défensifs des forts extérieurs. Dès le 15 septembre, ils étaient prêts tout autour de Paris, avec leurs braves marins et leurs gros canons.

Il semble que le général Trochu, qui mit un zèle incontestable, presque de la coquetterie, à l'exécution des travaux défensifs de Paris, ait voulu borner là ses efforts. Rendre Paris imprenable, c'est-à-dire à l'abri d'une surprise et d'un assaut, voilà la seule et facile gloire qu'il paraît avoir désirée.

Dès les premiers jours qui suivirent sa nomination de gouverneur, avant Sedan qu'il était loin de prévoir, le général ne faisait pas mystère de ses convictions. « Si nous avons une armée de secours, Paris peut se défendre et se dégager; si Paris est réduit à ses propres forces, on ne se *défendra que pour l'honneur.* »

Après la chute de l'empire, il fallut bien que le général Trochu subît, comme tout le monde, l'irrésistible entraînement de l'opinion. Il entra dans la phase de la défense *sérieuse* mais purement *défensive*. Il parut attendre, en faisant bonne garde, que l'ennemi se lassât, ou qu'un retour de fortune, le débloquement de Metz par exemple, rendît à

Paris l'armée de secours que le désastre de Sedan lui avait enlevée. Même au moment où le gouverneur essayait la grande sortie de Villiers et de Champigny, il n'avait pas changé d'opinion ; et cet axiome qu'une ville assiégée ne peut se dégager toute seule n'était pas sorti de son cerveau. Nous ne savons si cette opinion est professée dans les écoles militaires ; elle peut être vraie pour les places de guerre, comme Metz, Strasbourg ou Lille ; elle est évidemment fausse pour Paris.

Quand une place est assiégée, elle peut faire l'inventaire de ses magasins de munitions et de vivres ; elle n'a qu'à compter son artillerie et sa garnison, et il est facile de calculer la durée de sa résistance : elle ne produit pas, elle consomme ; elle sait d'avance qu'après avoir dépensé sa poudre et ses projectiles, elle n'aura qu'à capituler ; que sa garnison ne peut que décroître, et qu'il n'y a pas moyen pour elle de l'augmenter jamais.

Tout le contraire avait lieu pour Paris. Paris n'était pas une ville, c'était un monde. Toutes les ressources de l'industrie et de la science étaient là ; on y faisait de la poudre, on y faisait des canons, on y faisait des obus, on y faisait des fusils, et, chose absolument impossible ailleurs, on pouvait y faire des soldats. Puisqu'une armée de secours était indispensable au succès, puisque cette armée, si fiévreusement attendue, n'arrivait ni du Midi ni du Nord, il fallait qu'elle sortît du dedans ; et elle pouvait être formidable, si on l'eût organisée dans ce but, sans priver pour cela les remparts et les forts de leur garnison régulière. Si l'on était entré résolûment dans cette voie dès le début de l'investissement, si les bataillons de marche de la garde nationale eussent été formés sans retard, et non vers la fin du siége, il n'est pas douteux que la sortie eût réussi.

Cette puissance de production de Paris échappa tout à fait au général Trochu ; il ne sut ou ne voulut pas l'utiliser, soit qu'il ait reculé, par peur que l'offensive ne coûtât trop de sang, soit qu'il se sentît insuffisant pour en conduire à bien l'entreprise. En résumé, M. Trochu défendit Paris comme un colonel défendrait Soissons ou Mézières. Il peut être irréprochable aux yeux d'un conseil de guerre, il est impardonnable devant l'histoire.

Les forts, qui ont été la vraie fortification de Paris durant le siége, et qui, à défaut des remparts, à eux seuls eussent arrêté les Prussiens, sont inégalement distants du corps de place; construits à une époque où l'artillerie n'avait pas la puissance de portée qu'elle a acquise depuis quelques années, ils sont commandés par des hauteurs qu'il était inutile de fortifier en 1841, mais qui sont devenues très-menaçantes pour la place en 1870.

Dès que nos désastres du mois d'août menacèrent Paris d'un siége, on s'occupa de compenser l'insuffisance de certains forts par la construction de redoutes en terre sur les hauteurs que nous venons de citer, et sur les points qu'il paraissait important de renforcer. Les redoutes de Gennevilliers au nord-ouest, de Gravelle et la Faisanderie en face la boucle de la Marne en avant de Vincennes, des Hautes-Bruyères en avant des forts de Bicêtre et d'Ivry, ont complété l'ensemble des défenses extérieures. Malheureusement la perte de deux redoutes importantes, celles de Châtillon et de Montretout, a eu les conséquences les plus funestes, et influa plus que toute autre cause sur le résultat final. En effet, les forts du midi, Ivry, Bicêtre, Montrouge, Vanves et Issy, plus rapprochés que les forts du nord et de l'est de l'enceinte bastionnée, sont à portée de canon des plateaux de Villejuif, Bagneux, Châtillon, Meudon et Montretout. Ces hauteurs devaient être *l'objectif* de l'armée d'investissement : c'étaient des clefs de position. Les redoutes de Châtillon et de Montretout avaient pour objet de les protéger contre les tentatives de l'armée prussienne. Malheureusement l'exécution en fut confiée au corps des ponts et chaussées, à qui on avait pour ainsi dire donné le monopole des travaux de la défense. Les ingénieurs de l'État refusèrent le concours du génie civil, qui offrait un personnel dirigeant, des ouvriers et des outils. Les ponts et chaussées avaient déjà rejeté l'aide des ingénieurs civils pour les abatages d'arbres dans les bois des environs de Paris. Au 19 septembre, quelques journées de travail étaient encore nécessaires pour rendre redoutables les ouvrages de Châtillon et de Montretout, quand l'ennemi s'en empara sans résistance. Il est certain qu'une direction plus active et un plus grand nombre d'ouvriers eût permis avant cette époque d'achever et d'armer ces deux redoutes. On ne peut prévoir les conséquences de leur occupation par l'artillerie française. Elle eût tout au moins retardé longtemps l'investissement.

Justement à cause de la perte de Châtillon et de Montretout, la défense de Paris au midi et l'étude des fortifications de ce côté de l'enceinte offrent un intérêt tout particulier. C'est par là que, de part et d'autre, ont été faits les plus continuels efforts. Leur description peut donc être intéressante.

Le cours de la Bièvre et la route d'Orléans divisent en deux parties bien distinctes les positions au sud de Paris; à l'ouest, le plateau de Plessis-Piquet et ses contre-forts, se reliant à Versailles par Velizy et Chaville, et flanqué de Fontenay, de Bagneux, de Châtillon, de Clamart et de Meudon ; à l'est, le plateau de Villejuif moins élevé que le précédent, descendant à l'est jusqu'à la Seine et ayant pour crête au midi les Hautes-Bruyères, Villejuif et le Moulin-d'Argent-Blanc.

En arrière des versants qui s'étendent de Meudon à Bagneux, les forts d'Issy, de Vanves et de Montrouge, appuyés par les canons de gros calibre du sixième et du septième secteur, ont pendant quatre mois et demi tiré sans cesse sur les hauteurs que l'ennemi couvrait de travaux.

Quelquefois les canonnières de la Seine et les pièces de sept établies sur les talus du chemin de fer de la rive gauche, mêlaient leur voix au concert des trois forts et canonnaient les ouvrages d'un ennemi presque toujours invisible, et qui resta muet pendant plus de trois mois. La riposte fut terrible ; le fort d'Issy dut évacuer ses poudres, le fort de Vanves fut paralysé, le fort de Montrouge eut ses casernes brûlées, trois commandants tués successivement ; le quatrième ne voulut pas survivre à la capitulation et se brûla la cervelle avant de livrer sa forteresse à l'ennemi.

En avant de la ligne des forts, une tranchée, commencée seulement au mois de novembre, protégeait les avant-postes contre toute surprise. Les Prussiens n'avaient pas attendu si longtemps pour se retrancher. Dès leur arrivée ils avaient pris la pelle et la pioche, et exécuté des terrassements considérables avant que nos sapeurs du génie eussent mis la main à la terre.

La crête du plateau de Châtillon (altitude 162 mètres) dominait toutes les positions des environs. C'était un magnifique observatoire d'où l'ennemi plongeait ses regards sur Paris. Les Prussiens attendirent trois mois, travaillant en silence, puis un jour c'est de là qu'ils essayèrent de l'incendier, ne pouvant le prendre. Laissant aux batteries de Meudon et de Clamart d'un côté, de Meudon et de Fontenay de l'autre, le soin de bombarder les forts et les remparts, les batteries de Châtillon eurent à elles seules la mission de bombarder la ville.

Un jour, peu s'en fallut qu'on ne reprît cette position lâchement abandonnée par nos soldats. C'était le 13 octobre. Le village de Bagneux avait été lestement enlevé par des mobiles de l'Aube et de la Côte-d'Or ; la division Susbielle s'était emparée du village de Châtillon jusqu'à la route de Clamart. On faisait déjà le coup de feu avec les soldats ennemis postés sur la crête du plateau, on était à moins de mille mètres de la Tour-aux-Anglais quand les généraux firent battre en retraite.

De l'autre côté de la Bièvre, nous avions réussi à établir sur la ligne du Midi une défense très-sérieuse; nous voulons parler des fortifications du plateau de Villejuif, que *la Gazette de Cologne* du mois de décembre qualifiait de « formidables », et contre lesquelles l'ennemi se proposait de redoubler d'efforts, quand la capitulation de Paris l'en a rendu maître.

Le plateau de Villejuif a pour centre le fort de Bicêtre, qui avait comme Montrouge et Ivry une garnison de marins. C'était le quartier général du vice-amiral Pothuau avant qu'il n'allât à Vitry commander une division d'infanterie de marine. Les flancs de droite du plateau servent de versants à la Bièvre, que l'on avait arrêtée à son entrée dans Paris et dont le débordement avait submergé le village de Sainte-Hélène et une partie de Gentilly. Les villages d'Arcueil et de Cachan occupent le fond du thalweg de la Bièvre. Ils sont séparés l'un de l'autre par le grand aqueduc de la Vannes, qui vient s'appuyer sur le plateau de Villejuif. C'est à ce point que commencèrent les tranchées de la crête du plateau, dont la gorge était défendue par une batterie de quatre pièces, contre-battant Bagneux, Châtillon, Fontenay et Bourg-la-Reine.

Les avancées au midi étaient disposées en fer à cheval. Au centre, Villejuif; à droite, la crête des Hautes-Bruyères; à gauche, le Moulin-Saquet, précédé du cavalier du Moulin-d'Argent-Blanc.

Cette ligne d'avancée était, avant l'affaire de Chevilly, (23 septembre) occupée par les avant-postes prussiens. Ce sont les seuls points dont nous puissions dire : « Nous les avons conquis, et l'ennemi n'a pu nous les reprendre ! » Le clocher de Villejuif servait d'observatoire militaire, et le poste de marins qui l'occupait, communiquait télégraphiquement avec Bicêtre, avec les Hautes-Bruyères et avec le Moulin-Saquet. En avant du village était une barricade défendue par deux pièces de quatre et deux mitrailleuses. La ligne en arc de cercle qui joint Villejuif aux Hautes-Bruyères était garnie de belles tranchées. Trois sections de pièces de douze et de six mitrailleuses, reliées par des tirailleurs, rendaient un assaut impossible de ce côté; sans cela, la pente douce des terrains l'eût rendu très-praticable.

La redoute des Hautes-Bruyères occupait le point le plus élevé du plateau, à 123 mètres d'altitude; c'était le plus bel ouvrage en terre qui ait été construit aux environs de Paris. Elle avait la forme pentagonale. Les deux faces et le flanc gauche seuls étaient armés de pièces de marine de trente et de pièces de vingt-quatre. Des *blockaus* et des lignes de palissades, empruntées fort heureusement à la fortification allemande, défendaient les fossés et la gorge. De vastes et nombreuses casemates longeaient les deux faces; enfin un chemin couvert que le bombardement n'avait pas permis de terminer, y conduisait. A droite, une batterie basse armée de trois pièces de douze, reliée par des tranchées de tirailleurs à la batterie d'Arcueil, tirait sur l'Hay et sur Chevilly. Les grosses pièces de la redoute étendaient leur tir jusqu'au delà d'Antony à droite, et jusqu'au delà de Choisy-le-Roi à gauche.

L'ouvrage des Hautes-Bruyères qu'on peut appeler le Mont-Valérien du Sud, a été fait presque entièrement sous le feu de l'ennemi. Les grands froids et le bombardement n'ont jamais arrêté les travaux.

Le Moulin-Saquet, occupé comme les Hautes-Bruyères, par une brigade et fortifié après l'affaire de Chevilly, ne présentait pas une défense aussi redoutable. Point de casemates et de maigres fossés. Il est vrai que cette redoute n'était pas située sur la crête du coteau. Le contre-fort sur lequel elle s'élevait, se prolongeait dans la direction de Choisy-le-Roi. Le dernier ouvrage français dans cette direction était le cavalier du Moulin-d'Argent-Blanc où venaient aboutir nos tranchées, les unes descendant à Vitry par la ligne de plus grande pente, les autres à environ quatre cents mètres de nos ouvrages avancés. Nos tranchées continuaient de Vitry au Moulin-de-Cachan, et au delà de la Bièvre, jusqu'à Maison Millaud.

Le fort d'Ivry, situé sur le versant est du plateau de Villejuif, commande le chemin de fer d'Orléans et la Seine. La batterie construite en avant de Vitry lui servait d'avancée.

En résumé, l'on peut dire que si les forts d'Issy, de Vanves et de Montrouge étaient des *ouvrages défensifs*, les forts de Bicêtre et d'Ivry avec leurs avancées étaient des *ouvrages offensifs*.

Les premiers résistaient à Châtillon, les seconds attaquaient Choisy-le-Roi.

Choisy-le-Roi et Châtillon, ces deux noms résument toute l'histoire de la lutte au midi de Paris. Choisy-le-Roi, c'est l'espérance ; Châtillon, c'est le désespoir.

Choisy, c'est la route de France, c'est par là que d'Aurelles de Paladines, que Chanzy, que nos frères de la province doivent nous donner la main ; c'est le premier combat de la garde nationale, c'est la prise de la *Gare-aux-Bœufs*.

Châtillon, c'est la fuite honteuse des zouaves et de la ligne ; c'est l'aire d'où les Allemands regardent Paris comme une proie ; c'est la forteresse muette et tout d'un coup foudroyante qui tue les femmes et les enfants, les malades et les blessés !...

Nous ne décrirons pas, comme nous venons de le faire pour le côté méridional de Paris, nos positions sur les autres côtés de la place ; il suffit qu'on ait l'idée du système de défense adopté. Il eût été excellent, s'il eût été plus activement poussé partout, et si le système de tranchées et de chemins couverts, que protégeaient nos avant-postes, avait été continué pour s'approcher de plus en plus des batteries prussiennes qui couronnaient toutes les hauteurs. Il eût fallu en faire le siége séparément comme d'autant de forteresses, et ne pas essayer d'enlever à découvert ces positions formidables où l'ennemi caché, barricadé solidement dans des maisons ou dans des tranchées, pouvait nous exterminer à l'aise, étant lui-même presque à l'abri de tout danger.

CHAPITRE IX

Les armées de Paris. — Régiments de ligne et marins. — La garde mobile des départements. — La garde nationale. — Bataillons de guerre, corps francs et volontaires.

L'armée de Paris qui, durant le siége, dépassa le chiffre énorme de 500,000 hommes, en y comprenant la garde nationale sédentaire, se composait d'éléments divers et singulièrement tranchés. On peut, sans adopter la division toute militaire qui partagea en trois armées distinctes toutes les forces militantes, y trouver trois groupes principaux : la ligne et les marins, la garde mobile et la garde nationale. Le noyau de la garnison parisienne avant Sedan était formé de troupes de ligne, composant le 14e corps d'armée, des dépôts d'un assez grand nombre de régiments, de quelques régiments d'infanterie de marine, et d'environ 6 ou 8,000 matelots chargés de défendre les forts. Après Sedan, le 13e corps, général Vinoy, se rabattit sur Paris, avec environ 30,000 hommes, et jusqu'au 15 septembre la garnison se grossit de toutes les épaves des armées impériales et des hommes de la réserve qui purent gagner la capitale avant l'investissement. Les marins-matelots exceptés, dont la bravoure, la discipline et le patriotisme sont au-dessus de tout éloge, il faut bien reconnaître que cette portion de l'armée de Paris n'a été ni la meilleure ni la plus disciplinée. L'esprit militaire ne pouvait être excellent dans ces troupes recrutées pour la plupart parmi les non-valeurs des anciens régiments; les hommes de la réserve qui y avaient été joints avaient perdu pour la plupart l'habitude de l'obéissance, et les cadres d'officiers, complétés à la hâte, n'étaient pas assez parfaits pour compenser l'insuffisance du soldat. Dès les premiers jours, ces troupes donnèrent leur mesure en abandonnant lâchement les positions de Châtillon, et en venant jeter dans Paris une effroyable panique. A la longue elles s'améliorèrent, soit qu'elles aient rougi de le céder en bonne tenue devant l'ennemi à la garde mobile qui combattait à côté d'elles, soit qu'elles se soient aguerries par un voisinage prolongé avec les Prussiens qu'elles avaient vus à Châtillon pour la première fois.

Depuis deux ans, la France entendait parler de la garde mobile comme d'un projet vague, conçu par le maréchal Niel, que les ministres de la guerre qui lui succédèrent défendirent à la Chambre sans y croire, et que les généraux dans chaque département ne se gênaient pas pour condamner. Il existait pourtant des cadres d'officiers; quant aux hommes, personne ne s'en était occupé. La garde mobile n'existait donc pas réellement avant la guerre. Cependant, après les désastres de Reischoffen et de l'armée de Metz, l'empire agonisant fit appel à la garde mobile, et la république naissante donna l'ordre aux bataillons des départements de se diriger sur Paris. Point d'équipement, peu d'armes, nulle instruction militaire. Toutefois les bataillons s'étaient réunis et mis en marche, comme poussés par un souffle patriotique et par la foi la plus entière dans le triomphe définitif de la cause française. Paris avait mis sur pied sa garde mobile un peu plus tôt : dès le début de la guerre elle était partie à Châlons; après beaucoup de fredaines, elle s'était repliée sur Paris, où le camp de Saint-Maur la reçut sans que ses sentinelles fussent assez solides pour l'empêcher de rentrer à Paris quand il lui plaisait d'aller dîner en ville, au grand dommage de la discipline et de son instruction militaire. Mais l'ennemi n'était pas encore en vue, et le Parisien attend toujours la dernière heure pour abandonner les habitudes prime-sautières de son esprit.

Ça n'a pas été le spectacle le moins pittoresque du siége que l'arrivée à Paris des bataillons de la mobile départementale, durant la seconde semaine de septembre. C'est à peine si quelques galons de coton rouge au collet et sur l'épaule, qulequefois croisés sur le haut du bras, distinguaient leur vêtement de celui des paysans ou des ouvriers. Un képi, donné par les départements ou les municipalités, complètait leur uniforme. La plupart n'avaient d'autre armement qu'un bâton, au bout duquel se balançait un petit paquet de hardes, ou bien les dernières provisions de bouche épargnées durant le voyage. Mais comme ces *gars* défilaient carrément dans Paris; comme ils jetaient avec fierté le nom de leur province au bourgeois qui les interrogeait au passage : « Picardie ! Côte-d'Or ! Bretagne ! » grands noms et grands souvenirs ! on eût dit qu'ils avaient déjà le sentiment d'affirmer par leur présence à Paris l'indissoluble unité de la patrie française.

Un caractère particulier de la garde mobile et tout à fait nouveau, c'est la correspondance exacte des bataillons avec les arrondissements dans lesquels ils ont été levés. Un bataillon, ou plutôt une compagnie de garde mobile, c'est la jeunesse d'un canton qui se déplace à la fois, emportant avec elle son patois, ses habitudes, ses souvenirs, nous dirons presque son clocher. L'empressement des mobiles à répondre à l'appel de Paris menacé était donc une signification politique qu'il est important de noter en passant.

Paris reçut comme il le devait ces bataillons pleins de jeunesse et d'espoir. On les hébergea, on les logea en attendant l'heure de la bataille.

Seuls, les bataillons qui s'étaient le plus hâtés, grâce à l'intelligence et au dévouement des officiers, purent arriver à temps à Paris. Nous avons salué à leur arrivée ceux de la

Picardie, de la Champagne, de la Bourgogne, de l'Auvergne, du Languedoc, de l'Orléanais, du Poitou, de la Vendée, de la Normandie, de la Bretagne. Ensemble, 80,000 hommes qui, réunis aux 20,000 que fournit Paris, donnèrent à la défense un appoint de 100,000 hommes qui ne furent ni les moins solides ni les moins patriotes.

Au bout d'un mois d'exercices, dont toutes les places, tous les boulevards de Paris étaient du matin au soir le théâtre, les *moblots*, — c'est désormais leur sobriquet populaire, — armés de chassepots, complétement équipés de bonnes capotes, de chaussures solides, de guêtres et de tout ce qui fait le soldat, le sac au dos, chargé de la tente et de ses accessoires, étaient en état de tenir campagne, et se dirigeaient aux avant-postes qu'ils avaient mission de garder.

Cela dura plus de trois mois, pendant lesquels chaque bataillon vint se refaire une fois ou deux dans Paris. C'était long, beaucoup plus long qu'on ne le pensait au début du siége. Quand on eut fortement retranché les positions qu'on occupait, quand l'instruction militaire parut suffisante, comme il n'y avait pas d'engagements tous les jours, et comme il était rare que les sentinelles prussiennes se montrassent à découvert, la nostalgie et surtout l'oisiveté se mirent à faire des ravages dans les rangs des soldats. Ils étaient installés dans des villages qui sont des villes, dans des maisons qui sont des palais; ils y étaient souverains maîtres; il y avait du vin plein les caves; on força les celliers. Comme il faisait grand froid, on brûla le toit d'abord, puis les meubles, puis les livres, les tableaux et le reste. On oublia qu'on était en pays ami. L'indiscipline grandit vite, comme tout mal, sans que les officiers élus, chose fâcheuse dans une armée, pussent réprimer les infractions continuelles. Les jours de bataille on se battait bien, mais le lendemain recommençait le désordre. Aussi les environs de Paris ne sont-ils qu'une ruine par le fait de l'ennemi, par le fait du canon, mais disons-le pour être sincère, par le fait des gardes mobiles, des corps francs et quelque peu des gardes nationaux.

Quand sonna l'heure de la capitulation, la garde mobile dut rentrer dans l'enceinte, prisonnière de guerre. On vit alors, chose inouïe dans l'histoire militaire, une armée française, prisonnière dans sa propre capitale, sans toutefois avoir été forcée de remettre ses armes aux mains de l'ennemi. Les gardes mobiles désarmés attendirent à Paris dans leurs anciens campements, que le retrait de l'armée prussienne leur permît de regagner leur province, où ils ont emporté le souvenir des grands efforts auxquels ils ont eu leur part pour défendre une ville « *si belle*, disait naïvement un mobile breton, *qu'on mourrait volontiers pour la sauver !* »

Il y eut à Paris, après le 4 septembre, un moment d'enthousiasme superbe qui eut son retentissement dans la France entière. La joie de voir l'Empire écroulé misérablement dans la honte de Sedan, balançait en quelque sorte la douleur de nos défaites. Les citoyens de tout âge et de toutes conditions se pressèrent aux mairies pour s'inscrire sur les contrôles de la garde nationale. Les fusils sortirent pour ainsi dire de dessous terre; chacun pourvut à son équipement provisoire ; il n'y eut plus qu'une toilette, l'uniforme, tenue du matin et tenue du soir ; toute la ligne des boulevards fut couverte de marchands ambulants vendant à prix modiques les accessoires de l'équipement; fourreaux de baïonnettes, bidons, képis, numéros de bataillon, bretelles de fusil, ceinturons, gaînes de revolver ; tous les magasins confectionnèrent des vareuses, des ceintures de flanelle, des pantalons à bandes rouges; ce fut une frénésie, et cela dura presque jusqu'en janvier. L'exercice du matin au soir concurremment avec la garde mobile sur les quais, sur les places, dans les rues, partout ; il n'y eut plus d'autre préoccupation ni d'autre souci pour tout ce qui avait la force de tenir une arme.

Vers le milieu du mois d'octobre, le gouvernement disposait d'une milice de trois cent mille hommes, suffisamment instruite pour la guerre de siége et présentant, somme toute, un ensemble de qualités inespérées. Ce qui manquait le plus, c'était la direction ; les élections avaient eu lieu un peu vite ; à l'exception de l'adjudant-major et de l'adjudant-sous-officier, qui sont à la nomination du commandant supérieur, les officiers et sous-officiers de chaque compagnie étaient issus de l'élection directe, et les chefs de bataillon choisis par les officiers et une délégation des sous-officiers du bataillon. Les préoccupations politiques primèrent toutes les autres ; comme on était pressé, on s'enquit surtout d'avoir de bons républicains et d'anciens militaires. Cela produisit un cadre d'officiers très-insuffisants.

Chaque jour les divers bataillons fournissaient un nombre d'hommes déterminé pour le service des remparts. On se réunissait à huit heures du matin, au lieu ordinaire des réunions du bataillon et l'on se mettait en route pour la journée et pour la nuit, le sac au dos et la couverture en sautoir. Arrivées au secteur, les compagnies désignées pour la garde des bastions et des portes allaient relever la garde descendante, pendant que le reste de la troupe s'installait dans les maisons voisines du rempart, dans les casernes de la douane ou même sous des tentes dressées en permanence pour la garde nationale. Le premier soin du chef de poste était de régler l'ordre des factions ; après cela, chaque homme employait à sa guise les heures de la journée. Alors les cantines avaient beau jeu ! Toute la rue militaire était bordée de petites baraques où l'on vendait aux gardes nationaux le *petit noir* à trois sous la tasse, le petit cognac ou le petit bleu ; le tout assaisonné, dans le temps de l'abondance, de saucisson à l'ail et de charcuterie de haut goût. Cela n'empêchait pas chaque bataillon d'avoir ses cantiniers, surtout ses cantinières, qui ne paraissaient pas souffrir trop de la concurrence des liquoristes à poste fixe. Comme il y a des limites que les plus robustes estomacs ne peuvent impunément franchir, des parties de bouchon avaient leurs fanatiques; d'autres lisaient les journaux, causaient de l'événement du jour, des généraux, du gouvernement, des Prussiens, de Bismark et du roi Guillaume; quelques-uns s'échappant furtivement, revenaient passer une heure ou deux à Paris entre deux gardes, ou bien allaient dormir sous la tente ou s'asseoir au foyer commun où brûlait quelque arbre coupé dans les propriétés d'alentour. A l'heure du souper, chacun allait à son sac ou chez le restaurateur *commissionné* ou soi-disant tel, et qui, pour six ou huit sous, servait la soupe grasse et l'*ordinaire* de cheval. Entre sept et huit heures, tout le monde était réuni sous la tente; le cercle se formait autour d'une bougie achetée à frais communs; l'écarté et le piquet remplaçaient alors le jeu de bouchon de la journée; d'autres attendaient le moment d'aller en faction en contant des histoires égrillardes ou militaires, tandis que quelques-uns, couchés sur la paille, s'efforçaient de dormir au milieu de ce tapage et de cette atmosphère épaissie par la fumée de quinze ou vingt pipes sans cesse en ignition. Le caporal de pose venait toutes les heures interrompre les jeux, les histoires et les sommeils. On prenait son fusil, on rajustait sa couverture et l'on allait sur le bastion admirer les étoiles et fouiller l'horizon.

Les libations de la journée dérangeaient toujours la raison de quelques hommes, et il n'était pas rare que des coups de fusil intempestifs fussent tirés la nuit par des sentinelles trop clairvoyantes. L'ivresse, dans la garde nationale, était une maladie fréquente, que les officiers n'eurent jamais le pouvoir d'arrêter, et qui fut l'un des principaux agents d'indiscipline. La solde de 1 fr. 50 par jour et par homme attribuée à chaque garde qui en faisait la demande, s'en allait en petits verres, au lieu de concourir aux divers besoins du foyer; les 75 centimes, alloués plus tard à chaque femme de garde national, suivaient souvent le même chemin; mais ils eurent cet effet inattendu sur la morale publique, que beaucoup de liaisons illicites devinrent, à cause d'eux, des unions légitimes. Comme, pour y avoir droit, une femme devait exhiber son acte de mariage, beaucoup de gardes nationaux s'exécutèrent de bonne grâce; il y eut ce qu'on appela *les mariages à quinze sous.*

Malgré les sollicitations les plus vives de l'opinion publique, le général Trochu se refusa longtemps à voir dans la garde nationale une armée véritable, et répugna toujours à lui confier autre chose que la garde des remparts. Était-ce préjugé, ou doutait-il de son courage et de son instruction? N'était-ce pas plutôt par un sentiment d'humanité, déplacé chez un militaire, et poussé chez le général Trochu jusqu'à la sentimentalité la plus extraordinaire? Quoi qu'il en soit, il parut céder à la pression croissante de l'opinion, mais avec le désir évident qu'en réalité les choses continuassent comme par le passé. Le 15 octobre, dans une lettre adressée au maire de Paris, le gouverneur expliquait comment il entendait former les compagnies de marche de la garde nationale. « Les bataillons de guerre de la garde nationale appelés à concourir à des opérations extérieures avec l'armée régulière, seront soumis, comme elle, aux lois et règlements militaires. Ils recevront des prestations en nature (vivres de campagne) et la solde des troupes, en échange de la solde que reçoit aujourd'hui la garde nationale sédentaire, à dater du jour où ils auront été mobilisés ». Le décret qui suivit ce document, et qui parut le lendemain, n'était ni plus explicite ni plus clair. L'étonnement fut universel. Évidemment le projet n'avait pas été étudié et l'on ne tenait pas à lui donner suite. Cependant les enrôlements commencèrent, nous dirons plus loin avec quelle mise en scène mélodramatique. Le désarroi du 31 octobre y coupa court (d'après le décret, le service de guerre de la garde nationale n'était que volontaire), et força bon gré mal gré le gouvernement d'imaginer une autre combinaison plus sérieuse et surtout plus pratique.

Le 8 novembre, quand il fut un peu remis de l'aventure du 31 octobre et consolidé par le vote plébiscitaire qui suivit, le gouvernement lança son second décret sur les compagnies de guerre, abrogeant celui du 16 octobre. Chacun des deux cent soixante-six bataillons de la garde nationale devait fournir quatre compagnies de marche de cent à cent vingt-cinq hommes chacune, y compris les cadres. Ces compagnies devaient être recrutées parmi les volontaires d'abord, puis comprendre les célibataires et les veufs sans enfants divisés, selon l'âge, en deux catégories, enfin les pères de famille également répartis en deux catégories. Cela produisit un effectif d'environ cent vingt mille hommes destinés à combattre, laissant aux compagnies sédentaires la garde du rempart. La conception du gouvernement laissait beaucoup à désirer. Il y eut des bataillons où le chiffre des volontaires inscrits égalait et dépassait même le contingent demandé, d'autres où, pour compléter l'effectif, on dut atteindre même des pères de famille. Mais il était si tard que toute critique eût été intempestive. Les circonstances étaient si graves que le seul classement logique eût été celui-ci : tous les célibataires ou veufs sans enfants, assimilés à la garde mobile et à l'armée ; tous les pères de famille, suivant leur âge, attachés à la défense de l'enceinte et des forts.

L'armement et l'équipement des compagnies de guerre se fit lentement et sans ordre, et ce fut seulement au mois de décembre que les premiers furent en état de tenir la campagne. Elles firent plus que le général Trochu n'avait espéré d'elles jusqu'au jour où elles prouvèrent, à Buzenval et à Montretout, qu'il ne faut pas seulement de la science militaire pour se bien battre, mais surtout du courage et du patriotisme. La journée du 19 janvier, perdue par l'incapacité du gouverneur de Paris, est la condamnation éclatante de son opinion sur la garde nationale en face de l'ennemi.

Le département de Seine-et-Oise, dont un grand nombre d'habitants s'étaient réfugiés à Paris, à l'approche des Prussiens, fournit à la défense une légion d'environ six mille hommes. Organisée sur le même pied que la garde nationale de Paris, la légion de Seine-et-Oise se composait de cinq bataillons, dont les quatre premières compagnies étaient compagnies de guerre. Il semblait que la légion de Seine-et-Oise dût être appelée la première à la délivrance de son département. Il n'en fut rien. Elle demeura dans l'enceinte, et ses compagnies de guerre ne dépassèrent pas le fort de Montrouge.

Faut-il faire entrer les *gardes civiques* dans l'énumération des forces militaires de Paris? Oui, si l'uniforme suffit à faire le soldat. La suppression du corps des sergents de ville par Kératry et leur remplacement par de grotesques personnages encapuchonnés, désarmés et rasés comme des moines, qu'on appela *gardiens de la paix publique*, laissait la sécurité des rues aux entreprises des voleurs ou des assassins qui auraient voulu la troubler. Tous les citoyens que leur âge ou leurs infirmités rendaient impropres au service des remparts, se constituèrent dans chaque arrondissement et se chargèrent de la police intérieure de Paris. On les appela les *vétérans*, mais leur qualification officielle fut *gardes civiques*.

La police était facile, car Paris, purgé de tous les repris de justice et de tous les vagabonds qui l'exploitent ordinairement, ne fut jamais plus honnête; pas un crime et fort peu de vols nocturnes ont été signalés pendant le siége, tant il est vrai que les mauvaises passions disparaissent quand elles ont un dérivatif puissant, comme l'étaient les préoccupations de la défense.

Mais le rôle actif des vieillards consistait à faire le service des boucheries, des boulangeries, des cantines municipales. Il fallait de l'ordre dans ces *queues* interminables de femmes qui, les pieds dans la neige, attendaient, leur carte à la main, la chétive ration du jour ou de la semaine; il faut reconnaître qu'ils s'en acquittèrent avec une ardeur qu'on ne pouvait guère attendre de leur âge.

Les innombrables *corps-francs* qui s'organisèrent à Paris, en vue de concourir à la défense de la capitale, formaient une armée véritable de quinze à vingt mille hommes. Voici la liste à peu près complète de ces corps, telle qu'elle existe au ministère de la guerre :

ARTILLERIE.

Batteries de l'École polytechnique : commandant Manheim.
Servants des mitrailleuses : commandant Pothier, chef d'escadron d'artillerie.
Et les compagnies de canonniers volontaires ou auxiliaires desservant les différents secteurs.

GÉNIE.

Légion des volontaires : commandant Flachat.
Bataillon des mineurs auxiliaires : commandant Jacquot.

INFANTERIE ET CAVALERIE.

Amis de la France : commandant Van der Meere.
Francs-tireurs de la Presse : commandant Rolland.

ÉCLAIREURS DE LA SEINE.

Francs-tireurs des Ternes : commandant de Vertus.
Francs-tireurs des Lilas : commandant Anquetil.
Francs-tireurs sédentaires : commandant Deschamps.
Éclaireurs Franchetti.
Légion des volontaires de la France :
Infanterie : commandant Cailloué.
Escadron de cavalerie : commandant G. Fould.
Volontaires de la Seine :
Infanterie : commandant Lafon.
Escadron de cavalerie : commandant de Pindray.
Tirailleurs parisiens : commandant Lavigne.
Tirailleurs de la Seine : commandant Dumas.
Tirailleurs de Saint-Hubert : commandant Thomas.
Compagnie des gardes forestiers de la couronne : commandant de la Panouse.
Éclaireurs parisiens : commandant d'Esclands.
Éclaireurs de la garde nationale : commandant de Joinville.

Éclaireurs de la garde nationale de la Seine : commandant Valette.

Volontaires de la Défense nationale : commandant Paira.

Chasseurs de Neuilly : commandant de Jouvencel.

Carabiniers parisiens : commandant Porelli.

Corps-franc de la compagnie de l'Est : commandant de Soppel.

Cavaliers de la République : commandant Dardel.

Enfin les volontaires de Neuilly et de Saint-Denis, dont nous ne connaissons pas les commandants.

CHAPITRE X

L'artillerie de Paris. — La science et l'industrie pendant le siége. — Éclairage électrique de l'enceinte des forts. — Les moulins.

C'est le fusil à aiguille qui vainquit l'Autriche à Sadowa! Telle était l'explication populaire admise à Vienne en 1866, sans qu'on prît la peine d'en vérifier l'exactitude. — *C'est l'artillerie prussienne qui a vaincu l'armée française!* Avec cette affirmation, peut-être vraie, peut-être fausse, mais en tous cas peu raisonnée, on croit à Paris, en 1871, avoir tout dit sur nos malheurs, tout expliqué, tout démontré. La vérité, c'est que l'artillerie française au début de la campagne était numériquement très-inférieure à l'artillerie prussienne, et que les Allemands ont pu toujours concentrer sur un même point le double et même le triple de ce que nous-mêmes pouvions mettre de canons en bataille. Mais cela tenait uniquement à ce que l'armée française comptait en tout 240,000 hommes au moment de l'entrée en campagne, et que naturellement notre artillerie était proportionnelle à cet effectif. Nous avions, comme les Prussiens, une moyenne de trois ou quatre canons pour mille hommes.

Quand les Prussiens sont arrivés devant Paris, il y avait

2,627 bouches à feu de place et de siége; chiffre supérieur à celui de l'armement réglementaire des forts et de l'enceinte (1). Dans le courant de l'année 1868, une commission présidée par le général Bentzman, avait étudié l'armement des fortifications de Paris. Non-seulement elle avait déterminé le nombre de pièces nécessaire, mais encore le rôle de chacune d'elles, ainsi qu'on peut le constater par la planchette suspendue près de chaque pièce, indiquant les points à battre, les distances exactes de ces points à la pièce, et les hausses à donner pour atteindre ces points. L'existence de ces planchettes réduit à leur juste valeur les récits fantastiques qui circulaient pendant le siége sur l'adresse de certains pointeurs.

La défense mobile était représentée par quatre-vingt-douze batteries de campagne et quatre batteries de montagne, soit 2,627 bouches à feu de position et 576 pièces mobiles : ensemble 3,203. Chaque pièce était en moyenne approvisionnée de quatre cents coups à tirer, et la réserve de poudre en barils s'élevait à 2,600,000 kilogrammes.

Au lieu d'allumer de nouveaux feux, l'artillerie se préoccupa surtout d'améliorer le matériel et d'augmenter les approvisionnements. On fit rayer un grand nombre de pièces lisses de 8, de 12 et de 24, et modifier le matériel correspondant; on fit construire 425 affûts, 152 voitures diverses; on fabriqua 368,000 fusées à projectiles creux et 97,000 boîtes à mitraille. On fondit 205,000 obus de divers calibres dans les ateliers de M. de Jean, maître de forges à Evreux, qui avait transporté à Paris, avant l'investissement, une partie de son matériel et de son outillage pour achever les commandes dont il était chargé. Au boulevard Philippe-Auguste, on organisa une poudrière produisant 5,000 kilogrammes par jour, et sur divers points des cartoucheries qui en fabriquaient journellement un million. Enfin

(1) Nous empruntons ces chiffres à la brochure du général Susane : *L'artillerie avant et depuis la guerre.*

les ateliers de Meudon transportés à Paris purent livrer huit batteries de canons à balles et quatre batteries de canons se chargeant par la culasse, ce qui porta à 108 le nombre des batteries de campagne, à 648 celui des bouches à feu mobiles et à 3,275 le chiffre total des canons fournis par l'artillerie à la défense de Paris.

Cependant le public, qui n'était pas obligé de connaître ces chiffres, et qui n'avait aperçu que le fait matériel de l'insuffisance de notre artillerie sans se préoccuper de son rapport avec le total de nos forces militaires, crut de bonne foi que Paris manquait à la fois de projectiles et de canons. Frappé de la supériorité des fusils se chargeant par la culasse sur les fusils d'ancien modèle, il attribua, par une assimilation naturelle, les mêmes avantages aux canons se chargeant par la culasse sur les canons qui se chargent par la gueule. La presse aidant, les canons se chargeant par la culasse devinrent les seuls canons capables de nous sauver; comme il fallait un bouc émissaire, on s'en prit au comité d'artillerie qui n'avait pas eu soin de nous en pourvoir; on lui attribua, à tort ou à raison, toutes les bévues, toutes les ignorances et même toutes les trahisons. On ouvrit dans les journaux, au *Siècle* notamment, des souscriptions patriotiques pour offrir à la garde nationale des canons nouveau modèle. L'initiative privée une fois sur cette pente fit véritablement des merveilles. On improvisa des fonderies de canon chez Cail, chez Barbedienne et ailleurs; avec un outillage imparfait, avec des ouvriers novices, on réussit à fabriquer des canons suffisants. Ce n'était pas une petite entreprise que l'installation d'une fonderie. Les meilleurs fondeurs de Paris échouèrent d'abord et se virent renvoyer quatre pièces sur cinq; mais cela ne dura pas.

Toutes ces pièces fondues pendant le siége sont d'un calibre uniforme (calibre 7) et se chargent par la culasse. La fermeture est construite d'après le système de MM. Reffye et Poitier, qui consiste simplement à visser la culasse dans l'âme du canon. Le vissage est très-rapide; chaque pièce porte trois parties lisses et trois parties filetées, disposées de telle façon que les parties filetées de la culasse peuvent glisser dans les parties lisses de l'âme. Il suffit de faire faire à la culasse un sixième de tour pour obtenir la fermeture.

En sortant de la fonderie, les canons avaient bien des transformations à subir avant de pouvoir être mis en batterie. Les ateliers des gares de Paris se transformèrent en un clin d'œil en ateliers d'achèvement ; on y fabriqua des affûts, construits sous la direction du génie civil, tandis que les accessoires, tel que caissons, camions, voitures de toutes sortes et harnais, étaient confectionnés dans d'autres locaux.

En résumé, le génie civil, sous la surveillance du ministère des travaux publics, a apporté au fonds commun 50 mortiers de 15 destinés à la défense rapprochée des remparts, 110 canons de 7, 200 caissons et 25,000 projectiles. Les cartouches embouties nécessaires à ces canons ont été faites par l'artillerie.

Les efforts de la science et de l'industrie ne se bornèrent pas à la fabrication de nouveaux canons. Tout ce qui, directement ou indirectement, pouvait contribuer à la défense de Paris fut essayé par les savants avec des chances diverses. La chimie se mit à fabriquer de la dynamite, du coton-poudre, et tous les mélanges détonants, capables d'être employés pour charger des projectiles incendiaires ou pour faire sauter les pans de murailles; nous ne parlons pas des inventions extra-scientifiques qui pullulèrent; des feux grégeois, des fusées à pétrole, ni de tous ces appareils offensifs ou défensifs fort goûtés des partisans de la sortie en masse. Plus ou moins raisonnables, plus ou moins pratiques, ces inventions attestent la préoccupation maîtresse de toutes les intelligences, le rêve patriotique de toutes les âmes.

La transformation des fusils d'anciens modèles en fusils à tabatière et même en fusils chassepot occupait un grand nombre d'ouvriers. La grande galerie du Louvre, dégarnie de ses tableaux, fut transformée en un vaste atelier d'armurerie ; des locomotives blindées, véritables forteresses mobiles, portant un énorme canon, qui, après avoir envoyé sa mitraille, par un ingénieux mécanisme, se mettait de lui-même à l'abri, attendaient sous vapeur le moment de franchir l'enceinte. Malheureusement, l'occasion d'utiliser cet engin ne se présenta guère.

L'infatigable ingénieur qui construisit notre flotte cuirassée, M. Dupuy de Lôme, avait annoncé à l'Académie qu'il croyait tenir une partie du secret de la direction des ballons, et qu'il espérait, en adaptant à un ballon ovoïde une hélice mue à bras et un système de voiles ingénieusement combiné, lutter contre le vent avec une vitesse de huit mètres à la seconde. Des essais furent tentés, sans toutefois que les résultats aient beaucoup avancé le problème.

Vers le milieu de novembre, un savant bien connu à Paris, M. d'Almeida, partit de la gare d'Orléans, emportant le secret d'un télégraphe nouveau capable de correspondre d'un point quelconque à un autre sans l'intermédiaire d'un fil télégraphique, au moyen d'appareils assez sensibles pour percevoir les moindres modifications produites dans les courants électriques qui sillonnent constamment le sol.

De la Sorbonne à la rue Saint-Jacques, de la Sorbonne au Jardin-des-Plantes et au Louvre, du pont Napoléon à Saint-Denis, la correspondance était quelque chose d'élémentaire. Mais l'invention fut soumise à l'examen d'un comité, qui mit honnêtement à la porte M. Bourbouze, collaborateur de M. d'Almeida, et on n'entendit plus parler de l'invention à Paris.

Au début du siége, on ignorait comment l'ennemi procéderait à l'attaque de Paris. On prépara tout pour résister à une surprise, à une entrée de vive force et à un siége régulier. Pour parer aux tentatives possibles pendant la nuit, on créa le service de l'éclairage électrique. C'était la première fois que l'électricité était appelée à concourir à la défense des places. Au commencement de septembre, le personnel de l'éclairage électrique fut recruté parmi les ingénieurs civils et les anciens élèves de toutes les écoles du gouvernement. On établit plusieurs appareils dans chacun des neuf secteurs de l'enceinte, ordinairement deux par secteur. Chaque appareil était placé sur un observatoire ménagé sur la plongée du mur d'enceinte. La pile, composée de cinquante ou soixante éléments de Bunsen grand modèle, était placée dans une casemate. L'appareil était constitué par un régulateur Foucault, placé dans une boîte à laquelle on pouvait donner un mouvement vertical et un mouvement horizontal. M. Dubosc fut le constructeur de ces appareils qui, sur le rempart, n'ont pas eu à rendre de grands services, à cause de l'éloignement de l'ennemi.

Chaque fort était garni d'un service d'éclairage dirigé par trois ingénieurs et deux aides pris dans la garnison du fort. Quand la tactique expectante de l'ennemi se fut dessinée, il est étonnant que le service du rempart ait été conservé au lieu d'être porté dans tous les postes avancés où il aurait pu rendre de grands services. Ainsi, à la redoute des Hautes-Bruyères et au plateau d'Avron, ce sont les ingénieurs électriciens qui ont pris l'initiative et proposé directement aux généraux d'installer, dans les positions qu'ils commandaient, ce service, dont la plupart ignoraient même l'existence sur le rempart.

Grâce à l'éclairage électrique, nous avons évité bien des surprises; mais son rôle eût été plus efficace si l'ennemi eût procédé à un siége régulier. Les instruments qui ont donné le meilleur résultat ont été construits par M. Serrin. Leur portée est d'environ 1,600 mètres; on voit très-bien à 1,300; la surface éclairée à 1,000 mètres est un cercle de 30 mètres de diamètre environ. Le miroir de l'appareil est en argent poli et parabolique. Ce miroir tourne autour d'un axe horizontal passant par le foyer, ce qui permet à l'appareil de demeurer vertical.

On avait, dans les derniers mois du siége, construit des appareils volants portés sur un trépied et qu'on pouvait tenir à la main. Ils étaient accompagnés d'une voiture contenant une pile au bichromate de potasse, et sur laquelle on pouvait également transporter l'apareil et le personnel.

Ce système avait été imaginé par le capitaine Civiale et devait servir, dans le cas d'une sortie de nuit, à éclairer un retour offensif de l'ennemi. On ne s'en est jamais servi.

Les compagnies de chemins de fer ont été pour la défense de Paris des auxiliaires puissants et dévoués. Tandis que celle d'Orléans créait, dans les vastes salles de son embarcadère, un atelier permanent pour les ballons, que le chemin de fer de Lyon travaillait aux affûts des nouveaux canons, la gare du Nord était remplie de moulins. L'approvisionnement de Paris consistait en farines et en blé, qu'il fallut moudre. Or, l'organisation de meuneries à vapeur avait préoccupé le ministre du commerce dès son entrée au cabinet. M. Magnin fit venir de la Ferté 300 paires de meules; on établit des moulins à la gare de la Chapelle, à l'usine Cail et à l'usine des *Arts-Réunis*. Ces trois établissements moutureraient par jour 7,500 quintaux de farine, total nécessaire à l'alimentation quotidienne de Paris.

Malgré son importance, la question des moulins est peut-être celle dont Paris s'est le moins préoccupé, mais celle aussi que le gouvernement a résolue avec le plus d'intelligence. Les travaux d'installation de la meunerie des *Arts-Réunis* commencèrent le 19 septembre, le lendemain de l'investissement; un mois après, la meunerie fonctionnait. Or, en temps ordinaire, il eût fallu six ou huit mois pour mettre en œuvre les vingt paires de meules qui tournaient aux *Arts-Réunis*. Ce rapprochement permit d'apprécier l'énergie prodigieuse déployée en cette circonstance par le ministre du commerce. D'ailleurs, il faut reconnaître que la défense de Paris doit beaucoup à M. Magnin et plus encore à son collègue des travaux publics, M. Dorian. Dégagés tous les deux des préjugés administratifs et de la routine, ces ministres ont accueilli et provoqué tous les essais de l'initiative privée, et soutenu de tout leur pouvoir l'élan patriotique des industriels et des savants, dont les efforts auraient été dignes d'un plus heureux dénoûment.

CHAPITRE XI

Manifestations du mouvement patriotique.— La statue de Strasbourg. — Souscriptions pour les canons, pour les blessés, pour les victimes du bombardement. — M. Richard Vallace. — Enrôlements volontaires dans la garde nationale. — Les clubs.

Le patriotisme parisien pendant le siége a passé par des phases diverses, selon que l'espérance ou le découragement l'emportait dans les esprits. Ce serait une étude psychologique intéressante de noter les diverses températures parcourues par l'âme de Paris du 15 septembre au 1er mars; on verrait que la foi dans le succès final a été si solide, que les nouvelles successives de nos désastres, au lieu d'ébranler notre ardeur, n'ont fait que la surexciter.

Comme toutes les passions vives, le patriotisme eut besoin d'éclater au dehors par des manifestations et par des actes; l'occasion ne se fit pas attendre longtemps.

Comme si on eût pressenti l'analogie prochaine des destinées de Paris et de Strasbourg, on s'éprit d'un véritable culte pour cette ville qui, depuis le 7 août, résistait héroïquement aux horreurs du siége et du bombardement. La statue de Strasbourg, place de la Concorde, devint un pèlerinage, une religion, presque une idolâtrie. Du piédestal au sommet elle se couvrit de fleurs, de couronnes d'immortelles, de drapeaux rehaussés de devises et d'imprécations. Les strophes les plus rutilantes accompagnèrent habituellement ces offrandes et restèrent affichées sur le socle de la statue. On faisait des discours, on s'exhortait à l'héroïsme, on jurait de sauver l'unité républicaine, on s'embrassait, on pleurait de joie ! Jamais l'autel patriotique de Strasbourg ne manqua de fidèles. Le 10 septembre, on ouvrit un registre sur lequel tout Paris alla s'inscrire. On lisait sur la première page :

LES PARISIENS,

Honneur à nos frères, défenseurs de Strasbourg,
et à leur brave général Uhrich.

Le gouvernement de la défense nationale s'inscrivit le premier ; le registre, richement relié, devait être envoyé à la municipalité de Strasbourg.

Tous les bataillons de la garde nationale, tambours battants et enseignes déployées, portant au bout de leurs fusils des bouquets de fleurs ou des branches vertes, vinrent défiler tour à tour devant la glorieuse idole. On battait aux champs, et la cérémonie se terminait habituellement par un discours et par l'offrande d'une couronne indiquant le numéro du bataillon. Pour beaucoup de bataillons, principalement pour ceux des faubourgs, le pèlerinage de la place de la Concorde n'était qu'une étape ; on allait de là jusqu'à l'Hôtel de ville défiler devant le gouvernement. Ces manifestations prirent peu à peu des allures politiques et devinrent, sous la direction des clubs, les auxiliaires du mouvement communaliste du 31 octobre.

Le patriotisme parisien se traduisit d'une façon plus efficace et plus significative encore, par les sacrifices pécuniaires des particuliers. Dans un temps où toutes les fortunes se trouvaient si gravement atteintes par la suspension des affaires et du travail, toutes les bourses s'ouvrirent pour procurer à Paris ce qu'on croyait être le plus utile, des canons. Le *Siècle* prit l'initiative des souscriptions, de concert avec le *National*. D'autres journaux, sans ouvrir des listes, reçurent les offrandes qui leur arrivaient de toutes parts. Les corporations ouvrières, les corps d'État se laissèrent rapidement gagner par la contagion de l'exemple. L'argent afflua, et bientôt représenta des sommes énormes. Les souscriptions du *Siècle* suffirent seules à payer quatre batteries attelées! C'est avec l'argent des souscriptions de la presse que furent fondus la plupart des canons de sept, qui, malheureusement, n'arrivèrent qu'à la fin du siége et ne firent pas grand mal à l'ennemi. Le soir, à la porte des clubs, on quêtait aussi pour les canons, et le peuple de Paris répondit à l'arrogance de M. de Bismark à Ferrières par une souscription à cinq centimes pour la fonte d'une pièce qui dût s'appeler *la Populace*.

Les souscriptions pour les blessés et pour les familles frappées par la guerre montèrent également à des chiffres considérables. On organisait, pour subvenir à toutes les misères créées par la guerre, des conférences, des concerts, des loteries, des ventes de charité. Paris fit flèche de tout bois. Les étrangers ne résistèrent pas à l'entraînement universel. M. Richard Vallace, un des rares sujets britanniques qui aient partagé jusqu'à la fin les rigueurs du siége, mit à la disposition des hospices une somme de 200,000 francs. Plus tard, il prenait l'initiative d'une souscription pour venir au secours des familles frappées par le bombardement et adressait à M. Favre la lettre suivante :

Paris, 14 janvier 1871.

« Monsieur le Ministre,

« La conduite admirable de la population des quartiers de Paris si brutalement bombardés, me suggère une pensée que je vous demande la permission de vous soumettre, et qui, je l'espère, sera bien accueillie et bien comprise par les habitants de la capitale.

« Je désirerais qu'il fût ouvert sans retard, dans Paris, une souscription patriotique en faveur des malheureuses familles obligées de fuir leur logis sous le feu de l'ennemi, afin de leur faire distribuer immédiatement les secours de toute nature dont elles ont un si pressant besoin.

« Au cas où ma proposition recevrait l'approbation du gouvernement de la défense nationale, je vous prierais de vouloir bien m'inscrire sur cette liste pour la somme de 100,000 francs, que je ferai verser sur-le-champ au Trésor public, afin que la distribution des secours dont je parle puisse commencer *dès maintenant*.

« J'ai l'honneur d'être, etc. »

M. Jules Favre répondit :

« Monsieur,

« J'accepte avec reconnaissance votre offre généreuse, et vous prie, au nom du gouvernement, au nom de la ville de Paris, dont je me fais l'interprète, de recevoir l'expression de nos sentiments de gratitude. Déjà vous avez puissamment contribué à soulager les souffrances que le siége nous impose.

« Votre présence au milieu de nous, vos abondantes libéralités font bénir votre nom par la population parisienne. La conscience du grand devoir qu'elle accomplit la font rester calme devant les violences de l'ennemi; elle puisera une nouvelle force dans la certitude d'un secours efficace, auquel tous les hommes de cœur s'associeront et dont ils vous remercieront, Monsieur, d'avoir pris la première initiative.

« Veuillez agréer, etc. »

Comme il faut parler aux yeux de la foule aussi bien qu'à son esprit, on avait élevé dans différents quartiers des estrades, sur le devant desquelles on lisait en grosses lettres : *Souscription nationale pour les canons.* Des délégués de la mairie et des gardes nationaux recevaient les offrandes des passants.

D'autres estrades, plus décorées, plus vastes, entourées d'une mise en scène plus imposante, s'élevaient en même temps devant les mairies ; elles étaient destinées à recevoir les engagements volontaires dans les compagnies de marche de la garde nationale. C'était un souvenir et une répétition des enrôlements de la première République. Lorsque, au mois de juillet 1792, les représentants de la nation eurent proclamé la patrie en danger, on construisit des estrades sur les places publiques de Paris, et là, au bruit du tambour, au grondement du canon d'alarme, des milliers de jeunes citoyens vinrent s'enrôler et faire, entre les mains des magistrats municipaux, le serment de mourir pour la patrie.

Le docteur Bertillon, maire du cinquième arrondissement, eut l'heureuse idée de renouveler en 1870 ce spectacle, qui électrisa nos pères. Une vaste tente fut dressée, par ses soins, devant la façade du Panthéon, décorée de draperies rouges et de drapeaux. On lisait cette inscription à la hauteur de la frise : CITOYENS, LA PATRIE EST EN DANGER ! *Enrôlements volontaires de la Garde nationale.* Des écussons, portant les dates 1792—1870 et les chiffres R. F., complétaient la décoration de l'estrade. Sous la tente, douze bureaux étaient établis pour recevoir les enrôlements. Les délégués de la mairie du cinquième arrondissement veillaient à la régularité des inscriptions. Devant eux, on avait placé un tronc pour la souscription des canons. Huit cents volontaires s'inscrivirent le premier jour. Le lendemain, le 151e bataillon accourut presque tout entier. Un roulement de tambour annonçait à la foule chaque inscription nouvelle.

Le ministre de l'intérieur encouragea par cette lettre, rendue publique, les efforts du docteur Bertillon :

« Monsieur le Maire,

« Permettez-moi de vous féliciter de votre patriotique conduite. Vous savez inspirer aux citoyens de votre arrondissement le zèle qui vous anime pour la défense de notre cité. Vous les excitez par des appels publics, et vous leur faites ainsi comprendre que chacun doit payer de sa personne et courir volontairement au-devant du devoir. J'espère que votre exemple sera suivi et que, grâce au dévouement des maires de Paris, la garde nationale offrira à la défense ses bataillons d'élite au complet, partageant avec l'armée et la garde mobile l'œuvre glorieuse qui assurera notre délivrance.

« Je vous prie d'agréer, monsieur le maire, etc.

« *Le ministre de l'intérieur par intérim,*

« JULES FAVRE. »

Vendredi, 28 octobre 1870.

Les maires de Paris suivirent, en effet, l'exemple de leur collègue du cinquième arrondissement; mais les événements politiques du 31 octobre et la reddition de Metz vinrent donner une autre direction au mouvement patriotique, jusqu'au moment où le nouveau décret du 8 novembre sur la mobilisation de la garde nationale rendit les enrôlements superflus. Nous ne savons pas exactement le nombre de ceux qui s'enrôlèrent, mais le total en a été malheureusement assez petit pour qu'on n'ait pas cru devoir le publier.

Ceux qui ont fréquenté régulièrement les *clubs* ont pu se rendre compte assez exactement des variations de l'opinion, de ses découragements, de ses espérances, de ses aspirations et de ses colères. Le public habituel des clubs étant le plus nerveux, le plus irritable, le plus turbulent des publics, ces réunions deviennent pour l'observateur, un instrument d'une extrême délicatesse qui trahit les moindres courants traversant la masse populaire. Quoiqu'ils n'aient presque pas acquis d'influence sur la direction des affaires, ils auront cependant leur page dans l'histoire du siége de Paris.

Après la révolution du 4 septembre, les *clubs* se constituèrent et se multiplièrent. Ils se trouvèrent avoir un noyau tout formé par le personnel des réunions publiques autorisées par la loi du mois de juin 1868. Les salles ne manquaient pas : salles de danse, salles de concerts, salles de théâtre, tout était devenu vacant. On avait le choix des locaux, et les propriétaires se montraient coulants sur les prix.

Les clubs prirent, en général, le nom des salles où ils étaient établis : il y eut le club des *Folies-Bergère*, rue Richer ; le club du *Pré-aux-Clercs*, rue du Bac ; le club de la *Reine-Blanche*, à Montmartre ; le club de la salle Favié, à Belleville ; le club du Collége de France et celui de l'École de médecine au quartier Latin. Quelques-uns prirent des appellations plus significatives. Celui que dirigeait Blanqui s'appela le club de *la Patrie en danger ;* le club modéré de la salle Valentino s'appela club de *la Délivrance ;* un autre, au boulevard Rochechouart, club de *la Vengeance*.

Chaque club avait ses organisateurs ; mais chaque soir, le public élisait le bureau ; outre le bureau, il y avait des commissaires chargés de maintenir l'ordre et de percevoir la recette. Le prix habituel de l'entrée était de 25 centimes, quelquefois de 10 centimes, comme au club Favié ; à Valentino, 50 centimes ; au club de la *Cour des Miracles*, rue d'Arras, la rétribution était facultative. La recette payait le gaz, et plus tard les lampes au pétrole.

Le public était le même à peu près tous les soirs : très-bigarré, très-houleux, très-pittoresque de costume. Un assez grand nombre de femmes, des gardes nationaux, des francs-tireurs, des gardes mobiles ; on fumait beaucoup, ce qui n'empêchait pas la tenue d'être habituellement convenable ; on écoutait volontiers quand l'orateur n'était ni trop long ni trop obscur.

L'ordre du jour était presque partout: « *La Défense nationale.* » Mais la matière était vaste et le chemin parsemé d'oasis où les orateurs s'égaraient volontiers. D'ailleurs il était rare que la discussion s'engageât d'emblée; la séance commençait par une série de communications diverses et de rapports sur les événements ou sur les personnes. On dénonçait beaucoup, dans certains clubs, les accapareurs de denrées, les espions bonapartistes ou prussiens, les citoyens qui cherchaient à se dérober au service de la garde nationale, les absents, vulgairement appelés *francs-fileurs*. Parfois les clubs s'érigeaient en tribunaux et rendaient des jugements. C'est ainsi qu'une condamnation à mort fut prononcée par contumace contre Bazaine, Lebœuf, Canrobert et Coffinières.

Les inventeurs, méconnus ou repoussés par les comités scientifiques de la défense, venaient soumettre à l'approbation des clubs les engins de destruction dont ils voulaient doter la ville de Paris. C'était la *fusée Satan*, capable de détruire soixante mille Prussiens à l'heure ; le feu grégeois, les *bombes à main* qu'il suffisait de laisser tomber pour faire sauter la salle, ce qui causait aux assistants une frayeur légitime. D'autres proposaient d'empoisonner la Seine, pour priver les Prussiens d'eau potable, de lâcher dans les bois de Versailles les ours et les lions du Jardin des Plantes ; on discutait sérieusement les chances de succès de la grande sortie en masse, avec les femmes, les enfants et les vieillards au centre de la colonne.

Le public des clubs finit par se lasser de ces merveilles ; à force d'écouter les doléances des inventeurs, il prit les inventions en grippe et n'en voulut plus entendre parler.

Le gouvernement de l'Hôtel de ville se brouilla de bonne heure avec les clubs, non qu'il ait jamais tenté contre eux le moindre coup d'État, mais parce que leur tempérament violent ne pouvait s'accommoder de la mollesse politique et militaire des hommes du 4 septembre. Substituer la Commune de Paris au gouvernement de la défense nationale devint le programme et le but de la plupart des clubs avancés. On sait comment échoua la tentative du 31 octobre. Malheureusement pour le gouvernement du 4 septembre, il eût été difficile à la Commune elle-même de mener les opérations du siége plus piteusement qu'il ne le fit, ni d'aboutir à un pire résultat.

CHAPITRE XII

L'alimentation pendant le siége : boulangeries et boucheries municipales. — Les réquisitions et le rationnement. — La viande de cheval. — La cuisine. — Assistance publique. — Cantines municipales. — Le pain des derniers jours. — Cartes de rationnement. — *Les queues.* — Le ravitaillement.

Paris n'a succombé ni sous l'effort de l'artillerie prussienne, ni été vaincu par la supériorité militaire de l'assiégeant. Il a cédé devant un ennemi que personne ne peut dompter, ni seulement combattre : devant la famine ; et encore il l'a supportée gaîment, il l'a presque défiée, jusqu'au moment où la disette absolue vint faire tomber le fusil des mains défaillantes de nos soldats.

L'alimentation de Paris est sans contredit ce qu'il y a de plus étonnant dans l'histoire du siége. L'esprit se refuse à calculer ce qu'il a fallu d'approvisionnements pour nourrir pendant cinq mois une population de plus de deux millions d'âmes, sans compter l'armée, avec les seules ressources accumulées dans l'enceinte. On se perd à cette addition formidable, aussi bien qu'à compter les cinq milliards de numéraire que la France doit verser dans les coffres de l'empire allemand !

Personne ne croyait à la durée du siége. Les amis de l'empire ne l'admettaient que de cinq jours, jugeant qu'ils avaient trop bien corrompu Paris, pour qu'il fût capable d'une résistance héroïque ; ceux qui, ne s'arrêtant pas à la surface, avaient de la population parisienne une opinion plus favorable, supposaient bien que la résistance se prolongerait assez pour sauver l'honneur national ; mais ils étaient loin de penser que le dénoûment se ferait attendre cinq mois. Aussi quand le siége commença, se crut-on maître du temps, et s'écria-t-on, pensant répondre à tout : « Nous avons pour trois mois de vivres ! »

L'approvisionnement de Paris en vue d'un siége est l'œuvre du dernier ministère impérial. Poussé par l'opinion publique et par la gauche de l'Assemblée, et aussi, dit-on, par l'appât d'énormes bénéfices personnels, le ministre du commerce et de l'agriculture, M. Clément Duvernois, consacra son passage éphémère au pouvoir, à conclure des marchés si importants de grains, de fourrages, d'animaux de boucherie, de vins, de pommes de terre, etc., que le gouvernement de la défense nationale après le 4 septembre se contenta de veiller à l'exécution de ces marchés sans en conclure de nouveaux. S'il augmenta le stock de nos magasins, ce fut seulement en appelant dans l'enceinte de Paris les approvisionnements qui se trouvaient disséminés dans les départements voisins, et cela, moins pour augmenter nos réserves qu'on croyait inépuisables, que pour faire le vide et créer la disette sur le passage de l'armée d'invasion.

Paris ne se préoccupa que fort tard de la question du pain. Pendant plus de trois mois il n'y eut pas dans sa consommation, ni dans sa qualité, de changement appréciable. Le rétablissement de la taxe le maintint au prix normal de 0,45 centimes le kilogramme. Seulement au commencement de janvier, le brunissement progressif de la pâte et le chétif approvisionnement des boulangeries firent voir que Paris touchait à la période critique ; la peur de manquer de pain s'empara de la population. C'est alors que le gouvernement, pour rassurer les esprits, et sans prévoir qu'il allait être forcé de se déjuger promptement déclara que le pain ne serait pas rationné. Quelques jours après cette déclaration, il fallut rationner de la façon la plus sévère. C'est à cette date que les privations de Paris se changèrent en souffrances excessives que nous indiquerons tout à l'heure. Le 25 septembre, le bulletin de la municipalité de Paris accusait l'existence de 24,000 bœufs, de 150,000 moutons et de 6,000 porcs. C'était un approvisionnement de boucherie suffisant pour deux mois en temps ordinaire. Mais ces énormes troupeaux se trouvaient dans des conditions exceptionnelles. On avait parqué les moutons dans les jardins publics, principalement au Luxembourg où ils étaient entassés par milliers; les bœufs étaient alignés sur deux files le long des boulevards extérieurs, les uns du côté de Montparnasse, d'autres du côté de Montmartre et de la Villette. Ces animaux n'eurent pas beaucoup à souffrir tant que la température se maintint douce pendant les nuits. Mais dès les premiers froids, des symptômes alarmants se manifestèrent parmi les moutons, et peu de temps après parmi les bœufs. Le manque absolu d'exercice et la parcimonie des rations de fourrage causèrent un amaigrissement rapide; pour remédier à cet état de choses, on prit le parti d'abattre une portion des bœufs et des moutons dont on fit des salaisons qui reparurent à la fin du siége. Ce fut en même temps une économie de fourrages.

Pendant les mois de septembre et d'octobre, grâce aux énormes approvisionnements du commerce, les Halles-Centrales conservèrent à peu près leur aspect habituel. Les prix seuls avaient changé; les légumes frais, les pommes de terre, les œufs, le beurre et le fromage se montraient toujours sur les étaux; si la marée faisait défaut, son absence était compensée par l'abondance des poissons salés et même des poissons frais, provenant des pêcheries de la Seine; c'était encore le temps de la liberté de la vente, et l'ingéniosité des marchands savait tirer bon parti de tous les produits comestibles dont ils pouvaient disposer. Les paysans des environs de Paris s'étaient réfugiés dans l'enceinte à l'approche des Prussiens; ils y avaient conduit leurs vaches, leurs volailles, et tout ce qu'ils avaient pu récolter en septembre. Paris lui-même produisait des légumes en abondance, et les maraîchers de Vaugirard, de Ménilmontant, de Montrouge n'étaient pas gens à négliger une aussi belle occasion de s'enrichir. Outre cela, Paris n'était pas privé tout à fait de la production extérieure. La zone qui s'étend des remparts à la ligne des forts et même beaucoup au delà, n'est qu'un potager tout rempli de légumes. On ne se résigna pas à laisser la récolte encore à faire se perdre sans profit. On organisa des bataillons de maraudeurs, qui s'en allaient sous la protection de nos avant-postes cueillir les légumes abandonnés. Des légions d'hommes, de femmes, d'enfants, partaient avec des sacs, se déployaient sur une contrée, et la dépouillaient de tous ces produits. Ces expéditions n'étaient pas sans périls; car les Prussiens faisaient de leur côté la même chasse, et souvent il arrivait que l'appât du même butin amenât des coups de fusil. Beaucoup de chasseurs de légumes ont été tués pour s'être avancés trop loin de nos lignes, malgré les avertissements que ne manquaient pas de leur donner nos grand'gardes qui, en échange de la protection qu'ils accordaient aux maraudeurs, prélevaient sur la récolte de ceux-ci les choux et les pommes de terre nécessaires à la marmite du soldat.

Cependant les prix de toutes ces denrées, conquises parfois jusque sous le feu de l'ennemi, augmentaient de jour en jour. Le gouvernement craignant qu'ils ne soient bientôt accessibles qu'aux privilégiés de la fortune, et poussé par le désir louable de les voir profiter à la population tout entière, inaugura le système des réquisitions, espérant que devenu l'acquéreur de tout le stock comestible de Paris, il arriverait à la répartition équitable entre tous. Ce fut une grosse erreur.

La population parisienne, au point de vue des ressources pécuniaires, pouvait se diviser en trois catégories : celle des gens riches, qui malgré les réquisitions trouvèrent toujours moyen d'acquérir ce qui leur était agréable, pourvu que cela existât dans Paris; celle des demi-fortunes, de beaucoup la plus nombreuse, comprenant les commerçants, les employés, les petits rentiers, qui grâce à la liberté de la vente et de l'achat, pouvaient encore se procurer quelque adoucissement gastronomique; enfin la classe des nécessiteux, s'élevant à près de 600,000 bouches, mais pour laquelle on avait organisé dans toutes les municipalités des secours alimentaires gratuits et qui avait par conséquent sa subsistance assurée, plus largement peut-être que si le siége n'eût pas eu lieu. Les réquisitions qui vinrent frapper les objets de consommation accessoires, comme les pommes de terre, le fromage, le sucre, eurent pour effet de faire disparaître ces denrées et de les retirer du marché. La vente continua mais en secret et à des prix abordables seulement pour les grandes bourses; si bien que la classe moyenne se trouva privée tout d'un coup d'un complément de ressources alimentaires rendu presque indispensable par l'exiguïté du rationnement des objets de première nécessité. La classe nécessiteuse n'en profita pas davantage, car les réquisitions n'atteignirent effectivement qu'une portion minime des denrées qu'elles prétendaient frapper, et encore ce qui fut réquisitionné fut-il à peu près perdu, comme les pommes de terre et le fromage, faute d'avoir été convenablement soigné dans les magasins de la ville. Maître de la boulangerie et de la boucherie, c'est-à-dire de ce qui est la base de l'alimentation, le gouvernement aurait dû s'en tenir là, et ne point s'approprier par voie de réquisition les approvisionnements accessoires, qu'il ne réussit que rarement à saisir, mais qu'il fit toujours disparaître.

Le rationnement de la viande commença le 16 octobre dans tous les arrondissements. Chaque habitant reçut de la mairie une carte nominale, indiquant le nombre de rations auxquelles il avait droit s'il était chef de famille. Sur le revers de la carte un tableau numéroté marquant les mois et les jours, recevait un timbre humide à la boucherie même, à mesure que les rations étaient délivrées au porteur de la carte. Le rationnement fut primitivement fixé à 100 grammes de viande par jour et par personne, et à 50 grammes pour les enfants. On avait la faculté de prendre à la fois les rations de trois ou de six jours; successivement, et à mesure que la disette de viande fraîche augmenta, la ration descendit à 60 grammes, puis enfin à 33 grammes par personne.

Tant que les boucheries municipales distribuèrent de la viande de bœuf et de mouton, il fut possible de suppléer à l'insuffisance des rations avec la viande des chevaux, des ânes et des mulets, qui n'étaient pas encore frappés par la réquisition. On sait que la viande de cheval avait des partisans avant qu'il fût question du siége de Paris, et que des sociétés hippophagiques s'appliquaient à la faire entrer dans la consommation usuelle. Plusieurs boucheries de cheval s'étaient ouvertes dès longtemps à Paris dans les quartiers ouvriers, mais la consommation n'avait pas fait de grands progrès.

Néanmoins, il est prouvé que pendant l'exposition universelle de 1867, le filet de cheval déguisé en biftecks et en aloyaux, figura sur la carte d'une infinité de restaurants, sans que les provinciaux aient deviné la fraude. On était alors convaincu qu'on mangeait du bœuf, et cela suffisait aux estomacs sans défiance. Le rationnement du bœuf et du mouton donna à la viande de cheval une popularité forcée que les sociétés hippophagiques n'avaient pas réussi à lui acquérir. Les boucheries de cheval se multiplièrent à l'infini, et les prix s'élevèrent rapidement; comme à partir de ce moment tout le monde mangea du cheval, cette viande est maintenant jugée, et tous les préjugés qui nous en écartaient auparavant doivent avoir disparu. La viande de cheval est peu savoureuse; elle est lourde, indigeste, échauffante; mais elle nourrit beaucoup, et pendant le siége c'était la qualité principale. Bouillie, elle ressemble à du bœuf et donne un bouillon passable. Le filet, si le sujet est jeune, peut devenir tendre à force de marinades et d'épices. Mais les bas morceaux sont, quoi qu'on en dise, coriaces et tout à fait reconnaissables en dépit de leur assaisonnement; la seule manière de les utiliser est de les mettre en pot-au-feu. Ce jugement peut paraître sévère aux fanatiques de l'hippophagie, mais il est confirmé par ce seul fait que, depuis le siége, la consommation du cheval est redevenue ce qu'elle était auparavant.

La chair de l'âne et du mulet est de beaucoup supérieure à celle du cheval; quoiqu'un peu haute de goût, celle de l'âne surtout est succulente et a quelque rapport avec celle du cochon. Le filet se vendait 10 francs la livre au mois de novembre.

Nous touchons au temps vraiment dur pour l'estomac des Parisiens. Le 15 novembre, le bœuf et le mouton font défaut. Le ministère du commerce réquisitionne tous les chevaux, mulets, ânes actuellement sur pied et s'attribue la vente exclusive de leur viande pour l'alimentation des boucheries municipales.

Paris, réduit à la portion congrue, même pour la viande de cheval, privé de pommes de terre, de fromage, de riz et de légumes farineux, suite de la réquisition, inaugure vers le milieu de décembre la période culinaire invraisemblable et fantaisiste.

On dit que la sauce fait passer le poisson; cela n'a pas été vrai pendant le siége, car la sauce, c'est-à-dire les accessoires culinaires, laissait plus encore à désirer que le reste. La cuisine parisienne se fait d'habitude au beurre frais, ce qui est une preuve d'intelligence gastronomique. Les partisans de la cuisine à la graisse ou à l'huile, comme les Lorrains et les Provençaux, ne sont que des barbares. Or, le beurre frais n'existait plus depuis le mois d'octobre, si ce n'est à l'état de curiosité, au prix de 30 ou 40 francs le demi-kilo. Il fallut donc, bon gré mal gré, se jeter sur les graisses de toutes sortes qui ne tardèrent pas à disparaître elles-mêmes. C'est alors qu'apparurent sur le marché, ces monceaux de matières innommées qui, sous le titre de graisse de bœuf, de saindoux, de beurre de cacao, servirent à empoisonner les maigres aliments que parvenaient à se procurer les ménagères. En même temps les charcuteries les plus repoussantes prenaient position sur les étaux des Halles. En se réservant la vente des chevaux, des ânes et des mulets, la municipalité laissait à l'industrie privée la vente des abats. Ceux-ci, livrés à l'alchimie putride des tripiers, s'enlevaient à des prix excessifs, sous la forme de boudins, de galantine, de pâtés et d'andouilles. Le Gargantua-Paris dévorait, au bruit du canon, cette pitance insolite qu'il s'efforçait de trouver succulente. Il y avait toujours du pain, du vin et du café. On se passait du reste en vue de la prochaine délivrance.

Voici les mercuriales de la halle centrale, le centième jour de l'investissement (25 décembre 1870) :

Pommes de terre, le décalitre	20	»
Une carotte potagère	»	60
Un navet	1	»
Une betterave	3	»
Un pied de céleri	2	»
Une tête de céleri	2	25
Un poireau	»	50
Un chou ordinaire pommé	20	»
Une salade (mâche, chicorée ou scarole), la livre	5	»
Un litre d'oignons	6	»
Une livre de champignons	5	»
Conserve de petits pois (400 grammes)	7	»
Id. haricots verts (id.)	7	»
Huile d'olives (le kilogr.)	12	»
Une livre de lard (très-rare)	8	»
Une livre de jambon (plus rare)	14	»
Andouille de cheval (la livre)	6	»
Un œuf de poule	2	»
Beurre frais (le kilog.)	90	»
Fromage — (introuvable)	»	»
Graisse de bœuf (le kilog.)	2	»

Un lapin	10	»
Un pigeon	20	»
Un poulet	60	»
Une oie grasse	150	»
Un dindon	160	»
Un lièvre	70	»
Un chat	20	»
Une livre de chien	3	»
Un rat	2	»
Un moineau	1	25
Un corbeau	5	»

Le jardin d'acclimatation, à bout de fourrages pour nourrir ses animaux, profita des fêtes de Noël et du jour de l'an pour les livrer à la boucherie. Les deux éléphants s'enlevèrent au prix de 27,000 francs; les daims, les cerfs, les lamas, tous les ruminants gros et petits eurent le même sort. Pendant quelques jours, on put manger de la venaison dans les grands restaurants de Paris, au prix moyen de 30 à 35 francs la livre. L'éléphant fut surtout demandé, et fut jugé de qualité supérieure encore à ce qu'on attendait.

Voici le menu du café Tortoni le 26 décembre :

Entrées et rôt : Tête de veau sauce verte; tortue à l'huile; filet de bœuf sauce poivrade.

Légumes : Pommes sautées; ceps bordelais; salade de légumes.

Sorbets, rhum et kirsch.

Entremets : soufflés de nonnes, beignets de pommes.

Dessert : Pommes, poires, biscuits, mendiants, fromage.

Vins, café et liqueurs.

Ces débauches culinaires, accessibles à quelques centaines de personnes au plus, ne changeaient en rien la situation de Paris. Après le 1er janvier, la ration de cheval était tombée à 33 grammes par jour. A l'occasion de la nouvelle année, le ministre du commerce mit à la disposition de la municipalité d'énormes quantités de café, d'huile d'olive, de beurre salé et de haricots secs, pour être distribuées supplémentairement à la population. Mais ces denrées, divisées en deux millions de rations, passèrent presque inaperçues. Les boucheries, souvent à court de viande de cheval, distribuaient tantôt de la morue, du bœuf et du mouton salé, du lard, des harengs saurs, des haricots, du riz, mais toujours en quantité très-insuffisante à l'alimentation. Les derniers légumes avaient disparu des marchés ; les marchands de comestibles n'avaient plus que des conserves de basse qualité, qu'ils vendaient à des prix fabuleux; l'approvisionnement encore considérable des épiciers, en bougie, sucre, huile, café, chocolat, restait enfoui dans les sous-sols du magasin, de peur des réquisitions ou même du pillage des vitrines, et, surtout, il faut le dire à la honte de ces industriels, dans l'espoir que, le siége continuant, le prix de ces denrées monterait encore. En fait de viande, le commerce libre ne pouvait plus offrir aux Parisiens que des chiens et des rats. La période alimentaire, caractérisée par la vente des chats, était déjà loin de nous. L'aspect des halles centrales avait quelque chose de lugubre ; la plupart des pavillons étaient fermés; les chiens, dépouillés et parés comme des moutons, portaient une étiquette indicatrice de leur espèce : terre-neuve, bull-dog, terrier, basset, etc. La tête restait à côté du corps pour confirmer les indications de la pancarte.

— Combien le gigot de chien ?

— Cinq francs la livre; prenez-le, ma petite dame, c'es du vrai *pré-salé !*

Voilà ce qu'on entendait en passant dans ces parages. On y vendait en même temps une sorte de gras-double gélatineux, obtenu par le lavage à l'eau bouillante des peaux de veaux retirées à cet effet des fosses des tanneries !

Le 18 janvier, le gouvernement décrète le rationnement du pain. C'est la période tragique qui commence. La mesure était tardive, et on n'y recourait qu'à la dernière extrémité. Ce retard fut une faute, car le rationnement du pain au commencement du siége, d'autant plus praticable que le gouvernement avait réquisitionné tous les grains et toutes les farines, aurait pu reculer de quinze jours au moins l'échéance fatale de la capitulation. Le calcul est facile à faire. La consommation journalière de Paris s'élève, en chiffres ronds, à 1 million de kilogrammes, soit 500 grammes par habitant, sans distinction d'âge. Le rationnement à 400 grammes de pain de bonne qualité eût été fort acceptable et eût produit une économie de 100,000 kilogrammes par jour, soit d'un million de kilogrammes tous les dix jours, c'est-à-dire trois jours d'économie par mois, soit pour cinq mois, 15 millions de kilogrammes, c'est-à-dire quinze jours de résistance de plus!

Cette estimation du résultat qu'aurait produit le rationnement immédiat est un *minimum;* il eût empêché l'abus qui fut fait du pain pour la nourriture des chevaux, le pain étant moins cher que les fourrages, sans compter qu'on eût pu descendre progressivement de 400 grammes jusqu'à 300, qui est le poids du rationnement des derniers jours.

Le pain de Paris, à partir du 20 janvier, n'était plus qu'un horrible mélange de toutes sortes de graines où le froment n'entrait que pour mémoire. La menue paille d'avoine s'y retrouvait tout entière, déchirant le gosier de ses aiguilles pénétrantes. Comme le son dominait dans ce pain et comme la vraie farine s'y trouvait en proportion insuffisante, il fallut suppléer par des additions de phosphate de chaux à l'absence des éléments nutritifs de la pâte. On recueillit à cet effet des vieux ossements provenant des Catacombes, qui, réduits en farine, furent mêlés à celle qui sortait des moulins. Ainsi Paris, sans le savoir, mangea les os de ses ancêtres, comme cela eut lieu déjà lors du siége que lui fit subir Henri IV (1).

(1) M. Magnin, ministre du commerce, a affirmé le fait en notre pré-

La population traversa cette phase du siége avec une résignation sans exemple ; les femmes surtout firent preuve d'un héroïsme inouï. La journée d'une mère de famille était remplie tout entière par le soin de pourvoir à l'alimentation quotidienne du ménage. Dès l'aube, d'interminables *queues* se déployaient dans toutes les rues à la porte des boulangers, des bouchers et des cantines municipales. Il ne fallait ni manquer l'heure, ni perdre le numéro d'ordre distribué le jour précédent. C'eût été un malheur irrémédiable. Il eût fallu se passer de pain ou du petit morceau de cheval qui faisait le fond de la cuisine obsidionale. Des heures entières s'écoulaient avant qu'on parvînt à recevoir sa maigre pitance ; on attendait patiemment son tour, malgré le froid rigoureux, malgré la neige, malgré la pluie et malgré les obus qui vinrent souvent éclater parmi ces femmes et jeter la mort au milieu d'elles ! En vain, pour remédier à la longueur de l'attente, avait-on multiplié les locaux de distribution pour la viande et pour le pain et attribué chaque local à telle rue ou même à telle portion de rue ; en vain les distributions se faisaient-elles par séries, de telle heure à telle heure, correspondant à des numéros remis à chaque mère de famille à la distribution précédente. La peur de manquer à l'appel faisait que les *queues* se formaient longtemps avant l'ouverture des boulangeries et des boucheries, et ne cessaient pas du matin au soir, si bien qu'on avait toujours, en quelque endroit qu'on passât, le spectacle attristant de ces pauvres femmes, pâles et grelottantes.

Quoique pendant toute la durée du siége, la taxe du pain et de la viande ait été maintenue à des prix très-accessibles, la cessation du travail dans toutes les branches de l'activité commerciale et industrielle avait augmenté dans une proportion formidable le nombre des nécessiteux qui vivent or-

sence à Bordeaux, [devant MM. Dorian, Lanfrey et Ed. Texier. Sans le phosphate de chaux tiré des ossements, il eut été impossible de nourrir Paris avec le pain de son des huit ou dix derniers jours.

dinairement à la charge de l'assistance publique et de la municipalité. On sait que tous les hommes valides touchaient une solde quotidienne de 1 fr. 50 comme gardes nationaux, toutes les femmes de ceux-ci 0 fr. 75 par jour. Cela n'empêcha pas les mairies d'avoir à nourrir 500,000 personnes incapables de se procurer par elles-mêmes le pain de chaque jour.

Voici le tableau des nécessiteux dans chaque arrondissement de Paris :

1er arrondissement,		8,000	11e arrondissement,		30,000
2e	—	12,000	12e	—	25,000
3e	—	24,000	13e	—	34,000
4e	—	19,000	14e	—	15,900
5e	—	15,000	15e	—	30,000
6e	—	15,000	16e	—	12,000
7e	—	10,000	17e	—	39,450
8e	—	8,000	18e	—	60,000
9e	—	14,[illegible]00	19e	—	66,004
10e	—	20,000	20e	—	20,000

Pour dresser chaque jour la table de ces 500,000 convives, on organisa sur une vaste échelle le service des cantines municipales. On y trouvait pour deux sous une portion de bouillon ou de légumes, et pour vingt centimes une portion de viande, bœuf, cheval ou lard, avec du riz, des pommes de terre ou des haricots. Comme il était presque impossible de se procurer du combustible pour préparer chez soi ses aliments, beaucoup de personnes, sans être précisément nécessiteuses, préféraient abandonner leur ration de boucherie et s'adresser aux cantines municipales où elles trouvaient, à bien meilleur marché, la cuisine toute préparée. Quant aux nécessiteux assistés, ils n'avaient qu'à présenter au directeur de la cantine un bon municipal obtenu gratuitement, pour avoir droit aux portions de dix ou vingt centimes qu'ils pouvaient consommer sur place ou emporter à domicile, à leur choix. Des bons de pain de 1 kilogramme et de 500 grammes, réduits plus tard au poids normal du rationnement, étaient reçus de la même façon dans toutes les boulangeries de Paris.

Il faut ajouter aux pauvres de Paris 60,000 réfugiés des départements voisins, devenus nécessiteux par suite de la durée du siége et de la privation de leurs ressources habituelles. Un service spécial d'assistance extérieure se chargea de l'alimentation et du logement de ces émigrés, qui purent, grâce à un crédit ouvert pour eux au ministère de l'intérieur, participer aux bienfaits des cantines municipales et des bons de boulangerie.

Malgré toutes ces souffrances physiques et morales, lorsque le gouvernement capitula, Paris ne put retenir un cri de rage et refusa d'admettre qu'il était à la veille de la famine la plus absolue. Il fallut, pour calmer l'opinion, que le gouvernement publiât le document que voici sur la situation alimentaire :

Le gouvernement a annoncé qu'il donnerait la preuve irréfragable que Paris a poussé la résistance jusqu'aux extrêmes limites du possible. Hier encore, il y avait inconvénient grave à publier des informations de ce genre. Aujourd'hui que la convention relative à l'armistice est signée, le gouvernement peut remplir sa promesse.

Il faut d'abord se remettre en mémoire ce que trop de personnes semblent avoir oublié : c'est qu'au début de l'investissement les plus optimistes n'osaient pas croire à un siége de plus de six ou sept semaines.

Lorsque, le 8 septembre, le *Journal officiel*, répétant une déclaration affichée sur les murailles par M. Magnin, ministre du commerce, affirmait « que les approvisionnements en viandes, liquides et objets alimentaires de toute espèce, seraient largement suffisants pour assurer l'alimentation d'une population de deux millions d'âmes pendant deux mois, » cette assertion était généralement accueillie par un sourire d'incrédulité. Or, quatre mois et vingt jours se sont écoulés depuis le 8 septembre.

Au milieu des plus dures privations, devenues, pendant ces dernières semaines, de cruelles souffrances, Paris a résisté aussi longtemps qu'il a pu raisonnablement espérer le secours des armées extérieures, aussi longtemps qu'un morceau de pain lui est resté pour nourrir ses habitants et ses défenseurs. Il ne s'est arrêté que lorsque les nouvelles venues de province lui ont arraché tout espoir; en même temps que l'état de ses subsistances lui montrait la famine imminente et inévitable.

Le 27 janvier, — c'est-à-dire huit jours après la dernière bataille livrée sous nos murs et presque au moment où nous apprenions les insuccès de Chanzy et de Faidherbe, — il restait en magasin 42,000 quintaux métriques de blé, orge, seigle, riz et avoine, ce qui, réduit en farine, représente, à cause du faible rendement de l'avoine, 35,000 quintaux métriques de farine panifiable. Dans cette quantité sont compris 11,000 quintaux de blé et 6,000 quintaux de riz, cédés par l'administration de la guerre, laquelle ne possède plus que dix jours de vivres pour les troupes, si on les traite comme des troupes en campagne, savoir : 12,000 quintaux de riz, blé et farine, et 20,000 quintaux d'avoine. Telle était la situation de nos approvisionnements en céréales à l'heure de l'ouverture des négociations.

En temps ordinaire, Paris emploie à sa subsistance 8,000 quintaux de farine par jour, c'est-à-dire 2,000,000 livres de pain; mais, du 22 septembre au 18 janvier, sa consommation a été réduite à une moyenne de 6,360 quintaux de farine par jour, et depuis le 18 janvier, c'est-à-dire depuis le rationnement, cette consommation est descendue à 5,300 quintaux, soit un sixième de moins environ que la quantité habituelle, nous pourrions dire nécessaire.

En partant de ce chiffre de 5,300 quintaux, le total de nos approvisionnements représente une durée de sept jours.

A ces sept jours, on peut ajouter *un* jour d'alimentation fournie par la farine actuellement distribuée aux boulangers, *trois* ou *quatre* jours auxquels subviendront les quantités de blé enlevées aux détenteurs par tous les moyens qu'il a été possible d'imaginer, et l'on arrive ainsi à connaître que nous avons du pain pour huit jours au moins, pour douze au plus.

Il n'est pas inutile de dire que, depuis trois semaines, il n'existe plus de provision en farine. Nos moulins ne fournissent chaque jour que la farine nécessaire au lendemain. Il eût suffi de quelques obus tombant sur l'usine Cail, pour mettre instantanément en danger l'alimentation de toute la ville.

En ce qui concerne la viande, la situation peut se caractérise par un seul mot : depuis l'épuisement de nos réserves de boucherie, nous avons vécu en mangeant du cheval. Il y avait 100,000 chevaux à Paris. Il n'en reste plus que 33,000, en comprenant dans ce chiffre les chevaux de la guerre.

Ces 33,000 chevaux, d'ailleurs, ne sauraient être tous abattus sans les plus graves inconvénients. Plusieurs services, indispensables à la vie, seraient suspendus : ambulances, transport de grains, des farines et des combustibles; services de l'éclairage et des vidanges, pompes funèbres, etc. Il nous faudra, d'autre part, beaucoup de chevaux pour le camionnage, quand le ravitaillement commencera. En réalité, une fois ces diverses nécessités satisfaites, le nombre des animaux disponibles pour la boucherie ne dépassera pas 22,000 environ.

En ce moment, nous consommons, avec l'armée, 650 chevaux par jour, soit 25 à 30 grammes par habitant, après le prélèvement des hôpitaux, des ambulances et des fourneaux. *Vingt-cinq* grammes de viande de cheval, *trois cents* grammes de pain, voilà la nourriture dont Paris se contente à l'heure qu'il est. Dans dix jours, quand nous n'aurons plus de pain, nous aurons consommé 6,500 chevaux de plus, et il ne nous en restera que 26,500. Nous pouvons, il est vrai, y joindre 3,000 vaches réservées pour le dernier moment, parce qu'elles fournissent du lait aux malades et aux nouveau-nés. Mais alors, comme il faudra remplacer le pain absent, la ration de viande devra être quadruplée, et nous serons obligés de tuer 3,000 chevaux par jour. Nous vivrions ainsi pendant une semaine environ.

Mais nous n'en viendrons pas à cette extrémité, précisément parce que le gouvernement de la défense nationale s'est décidé à négocier. On dira peut-être : « Pourquoi avoir tant tardé? Pour- « quoi n'avoir pas révélé plus tôt ces vérités terribles? » A cette question, il y a à répondre que le devoir était de prolonger la résistance jusqu'aux dernières limites, et que la révélation de semblables détails eût été la fin de toute résistance.

Mais le ravitaillement marchera assez vite pour que nous ne restions pas un seul jour sans pain. Toutes les mesures que la prudence pouvait suggérer ont été prises, et, pourvu que chacun comprenne son devoir, pourvu que les agitations intérieures ne viennent pas troubler la reprise de l'activité industrielle et commerciale, de nouveaux approvisionnements nous arriveront juste au moment où nous aurons épuisé ceux qui nous restent.

Nous avons le ferme espoir, nous avons la certitude que la famine sera épargnée à deux millions d'hommes, de femmes, de vieillards et d'enfants. Le devoir sacré de pousser la résistance aussi loin que les forces humaines le comportent, nous a obligés de tenir tant que nous avons eu un reste de pain. Nous avons cédé, non pas à l'avant-dernière heure, mais à la dernière.

Six jours après la signature de l'armistice, le 4 février, à trois heures du matin, le premier convoi de ravitaillement entrait à Paris. C'était la ligne d'Orléans qui avait pu, la première, réparer le désordre de sa voie, et qui gagnait le prix de vitesse dans ce steeple-chase de nos chemins de fer !

Du 28 janvier au 4 février, Paris avait eu quelque adoucissement à son régime. Le pain était toujours noir et rationné, mais on se procurait çà et là quelque bribe de pain blanc acheté par d'honorables industriels aux avant-postes prussiens; des légumes frais, des œufs, du beurre, et même des moutons provenant de la même source. Beaucoup de femmes ne craignaient pas d'aborder les lignes ennemies et d'en rapporter toutes ces merveilles alimentaires. La première fois qu'on voit du pain blanc après des mois de pain noir, on éprouve une sorte d'éblouissement !

D'autre part, tous les détenteurs de comestibles réquisitionnés se hâtèrent, en face de la baisse prochaine, de les jeter sur le marché. Les Halles-Centrales, le 29 janvier, se trouvèrent pleines de pommes de terre et de fromage. Le peuple donna une rude leçon à ces exploiteurs de la misère publique en pillant le marché.

Le 7 février, il était entré dans Paris, malgré le désordre des chemins de fer et les difficultés soulevées par les Prussiens :

Bœufs, 1,057 ; moutons, 3,093 ; vaches, 14; porcs, 31 ; grains, 855,577 kil.; farine, 9,250,043 kil.; biscuit,

495,352 kil.; conserves de bœuf, 285,196 kil.; de moutons, 162,140 kil.; sel, 8,000 kil.; lard salé, 1,439,365 kil.; marée, 26,670 kil.; morue, 212,072 kil.; beurre, 139,812 kil.; fromage, 95,520 kilog.; huile, 74,551 kilog.; légumes, 127,066 kil.; fruits, 10,002 kil.; fourrage, 27,000 kilog.; tourteaux, 69,501 kilog.; provisions, 143,511 kil.; houille, 1,740,000 kil; avoine, 94,000 kilog.

Le peuple anglais, qui mieux qu'un autre doit savoir compatir aux souffrances de l'estomac, puisque nul ne pousse aussi loin que lui le culte du rosbeef, témoigna d'une façon significative ses sympathies pour Paris, en lui envoyant gratuitement un formidable convoi de vivres de toutes sortes.

CHAPITRE XIII

Le bombardement. — Les canons Krupp et les batteries prussiennes. *Le moment psychologique.* — Effets du bombardement. — Les ruines. — Abattage des forêts.

Pendant plus de trois mois, les Prussiens travaillèrent en silence à la construction des formidables batteries qui devaient bombarder Paris. On se demandait du côté des assiégés si l'Allemagne oserait employer ce mode barbare de combattre, que la civilisation repousse et qui n'a d'utilité réelle que contre les places fortes de médiocre étendue. Bombarder Paris semblait une entreprise folle, sans résultat au point de vue militaire, et surtout un attentat de lèse-humanité. Ceux qui professaient cette opinion connaissent mal la Prusse et moins encore les sentiments de ses maîtres. Pour M. de Molkte et pour M. de Bismark, il n'y eut jamais un moment d'hésitation : ils savaient bien que le bombardement ne pouvait produire sur une place immense comme l'est Paris des dégâts matériels assez nombreux pour hâter la capitulation ou préparer la prise de l'enceinte; mais ils comptaient que les obus, écrasant les femmes, les vieillards et les enfants, jetteraient le désarroi dans la population, ou réveilleraient les passions politiques des partis, au point de semer dans la ville une panique ou une sédition favorables à la cause allemande. Si les Prussiens ont tant tardé, c'est que, malgré leur activité surprenante, il fallait trois mois de travaux pour installer les batteries et charrier les munitions, au milieu de l'hiver, à plus de deux cents lieues de la base d'opération, malgré le froid, la neige et les chemins de fer coupés. Le parti militaire, qui d'ailleurs a toujours eu le dessus dans le conseil, triompha de certains scrupules, exprimés, dit-on par le prince royal, à propos du bombardement de Paris, comme il l'avait emporté déjà sur l'opinion plus politique de ceux qui demandaient qu'on prît en considération l'offre de médiation des puissances neutres. Il est bon, croyons-nous, avant de parler du bombardement, de dire un mot de l'instrument des fureurs prussiennes, du canon Krupp.

Combien de Parisiens se sont arrêtés pendant l'exposition universelle de 1867 devant ce canon, bloc énorme de métal, ouvrant sa gueule en face de l'entrée principale de la grande galerie, sans se douter qu'à trois ans de distance Paris en subirait les tristes effets! Combien d'officiers français ont souri dédaigneusement en caressant de leur stick l'échine du monstre d'acier, qui sont morts maintenant d'un éclat de ses projectiles! D'autres, plus clairvoyants, avaient compris et signalé la puissance de cet engin formidable, mais sans réussir à faire partager leur conviction. La France crut pouvoir s'en tenir au canon rayé de Magenta et de Solferino.

Les canons de l'artillerie prussienne sortent pour la plupart des fonderies d'Essen (Prusse rhénane). On sait que trois métaux peuvent être employés pour la fabrication des canons : la fonte de fer qui est encore en usage pour l'artillerie de marine et de place; le bronze (90 p. 100 de cuivre et 10 p. 100 d'étain), et enfin l'acier, qui ne diffère de la fonte de fer qu'en ce qu'il renferme quelques millièmes seulement de carbone, tandis que la fonte en contient beaucoup plus. Cette légère différence dans la composition chimique suffit pour faire de ces deux métaux, la fonte et l'acier, deux produits complétement différents du métal originel, le fer. L'acier Krupp se distingue par des qualités de résistanc et d'homogénéité qu'on ne peut obtenir nulle part ailleurs ce qui fait de sa fonderie de canons une usine sans rivale, tant qu'il n'aura pas révélé tout le secret de ses procédés de fabrication.

Les canons Krupp appartiennent généralement aux modèles dits de 6, de 12, et de 24 rayés, se chargeant par la culasse. Le poids des obus lancés par ces canons est respectivement de 8, de 14 et de 28 kilogrammes. Quelques-uns, les plus gros, sont des pièces de 48 et de 96, lançant à 8 kilomètres des projectiles de 50 et de 94 kilogrammes.

Tous les projectiles des canons Krupp sont de forme cylindrique terminée en ogive. La surface cylindrique est munie extérieurement de saillies annulaires destinées à retenir une enveloppe ou chemise de plomb qui fait corps avec le projectile. L'avantage de cette enveloppe en métal mou est de forcer le projectile dans la rayure du canon et de donner une tension plus grande à la trajectoire. Au moment où l'obus arrive au but, une petite tige métallique ou *percuteur* agit sur une capsule fulminante, vissée sur la tête de l'obus, qui met le feu à la poudre et fait éclater le projectile. Lorsque l'obus tombe sur une terre molle, il arrive qu'il n'éclate pas, mais il ouvre dans le sol une ouverture de 50 à 60 centimètres de diamètre et d'une profondeur variable, suivant sa résistance et sa vitesse. Quand il éclate, il se sépare violemment en vingt-cinq ou trente fragments qui s'étendent en éventail à plus de 100 mètres du point d'arrivée de l'obus.

Le passage de l'obus se trahit par un sifflemeni particulier que ceux qui l'ont entendu n'oublient pas. L'oreille apprécie aisément la direction de l'obus, car le sifflement s'entend d'assez loin pour que l'on ait le temps de se garer ou de se jeter à terre, ce qui malheureusement ne réussit pas toujours. Cela s'appelle *saluer l'obus.*

Nous n'avons connu la position réelle des batteries prussiennes qu'au moment même où elles ouvraient leurs feux contre nous. La plupart du temps, abrités jusqu'au dernier moment par des arbres ou des maisons, nos artilleurs ne les pouvaient contre-battre qu'au jugé, ce qui diminuait singulièrement l'efficacité de notre tir. Quand il n'y avait pas d'obstacle naturel qui dissimulât leurs travaux, les Prussiens ébauchaient ostensiblement une fausse batterie qui attirait nos boulets, tandis que la vraie se construisait en arrière de ce simulacre. Les batteries prussiennes qui pendant le bombardement jouèrent le principal rôle, sont sur la rive gauche de la Seine : la batterie de *Brimborion*, au-dessus de Sèvres; les batteries de Meudon et de Clamart, menaçant le *Point-du-Jour* et le fort d'Issy; celles de Châtillon, de Bagneux et de Fontenay, les plus puissantes, et qui envoyèrent dans Paris le plus de projectiles. Sur la rive droite de la Seine, la batterie du Mont-Mesly, battant le fort de Charenton et commandant Choisy-le-Roi; celles de Gagny à l'est, en face du plateau d'Avron; celle de Blanc-Ménil et de Drancy en face d'Aubervilliers et du Bourget; au nord, les batteries du moulin d'Orgemont et de la butte Pinson faisaient face aux ouvrages qui défendent Saint-Denis. Les Prussiens commencèrent le bombardement par une canonnade effroyable qui nous força d'évacuer le plateau d'Avron, que nous occupions depuis le 2 décembre et que nous n'avions pas suffisamment protégé. Le 27 décembre au matin, ils ouvrirent le feu contre les forts de l'Est, Rosny, Noisy et Nogent. Deux jours après, les batteries du sud étaient démasquées et couvraient d'obus les forts de Bicêtre, de Montrouge, de Vanves et d'Issy. Ce dernier semblait être le principal objectif des artilleurs prussiens, ce qui s'explique par sa position en avant du *Point-du-Jour*, que les Prussiens paraissent avoir considéré toujours comme l'endroit le plus attaquable de l'enceinte.

Enfin, le 5 janvier, vers les dix heures du matin, le premier obus prussien franchissait les remparts. C'était le *moment psychologique* attendu par M. de Bismark. Paris ne bougea point. Il n'y eut ni panique, ni terreur; on s'y attendait. Dans les arrondissements bombardés (presque tous ceux de la rive gauche) on continua à vivre comme à l'ordinaire; les femmes se pressèrent à la queue des boucheries, des boulangeries et des cantines, avec la même assiduité et la même assurance que par le passé. Ceux qui n'étaient retenus par nul devoir public ou privé demandèrent l'hospitalité aux arrondissements épargnés par les obus, à charge de revanche; quelques-uns descendirent dans les caves pour y dormir plus tranquillement, et ce fut tout. Cela dura pendant un mois; M. de Bismark était battu; l'argument péremptoire des assiégeants leur faisait défaut, le *moment psychologique* avait raté!

Il ne faut pas exagérer les effets du bombardement de Paris; s'il a fait parmi nous des victimes, leur nombre ne répond pas du tout à ce que les Prussiens devaient espérer. Du 5 au 16 janvier, la population civile a perdu :

Tués 80, blessés 194. Du 16 au 27, tués 105, blessés 369. Total : 185 tués et 563 blessés; soit en tout 748 victimes.

Pour obtenir ce beau résultat, 1,500 canons de tous calibres, depuis les pièces de 12 jusqu'à celles de 96, ont été traînées devant Paris du fond de l'Allemagne, et avec eux 750,000 charges de munitions, soit 500 coups par pièce; tout cela a été desservi par 125 compagnies de siége de deux cents hommes chacune, ce qui fait un effectif de vingt-cinq mille artilleurs uniquement employés au bombardement.

Environ 15,000 obus sont tombés dans l'intérieur de Paris; en moyenne il a fallu 20 obus pour atteindre une personne, puisque le nombre des victimes a été de trente et celui des projectiles de 550 à 600 par jour. Le nombre des édifices endommagés est naturellement plus considérables. Il s'élève à cinquante par jour, ce qui représente un édifice atteint pour 10 projectiles envoyés.

Pour les Prussiens, le bombardement de Paris ne représente donc pas autre chose *qu'un énorme gaspillage de munitions d'artillerie;* et tout le mal qu'ils nous ont fait ne vaut pas la peine qu'ils ont prise, ni la honte qui leur en revient. Dans tous les quartiers de la rive gauche, pas une église, pas un hôpital, pas une ambulance, pas un palais n'a été épargné. Tout a servi de point de mire. Le Val-de-Grâce, le Panthéon, la Sorbonne, l'Observatoire, le Luxembourg, la Pitié, la Salpêtrière, le Muséum, ont été gravement atteints. Malgré les avertissements envoyés à cet égard au quartier général prussien, le tir a continué jusqu'à la fin et même avec plus d'acharnement qu'au début sur les ambulances, sur les hôpitaux et sur les écoles.

Le 10 janvier, l'église Notre-Dame-des-Champs était tendue de noir, une foule profondément émue se pressait dans la rue de Rennes ; dans l'église cinq petits cercueils couverts de couronnes étaient rangés devant l'autel. Ces cercueils contenaient cinq victimes du bombardement, frappées à l'école chrétienne de la rue Saint-Nicolas. Tous les matins Paris en s'éveillant apprenait que des enfants avaient été tués la nuit sur le sein de leur mère, que de pauvres vieilles femmes avaient été mutilées dans les hôpitaux, que des blessés avaient été achevés dans les salles d'ambulance.

Les Prussiens n'ignoraient plus, après quelques jours de bombardement, l'accueil fait à leurs projectiles par la population de Paris; ils savaient que l'effet devait en être nul sur l'issue des opérations du siége, et que la plupart des victimes étaient des femmes, des enfants et des blessés. Pourquoi le bombardement n'a-t-il pas cessé ? L'opinion publique a prononcé déjà sur la conduite des Prussiens ; le jugement de l'histoire sera plus sévère encore.

Les dégâts matériels causés dans Paris par le bombardement sont peu de chose auprès des ruines accumulées par la guerre dans les environs de la capitale. La zone qui séparait les avant-postes français de la ligne d'occupation prussienne n'est plus qu'un désert. Des villages entiers tout pleins de villas merveilleuses ont disparu ; il ne reste debout à la place que des pans de murailles calcinés et près de s'effondrer sur leur base ; où il y avait des jardins, des plantations, des promenades, on ne rencontre que des arbres coupés et demi-brûlés ! Cette région, placée pour ainsi dire entre l'enclume et le marteau, n'a pas eu seulement à souffrir de l'ennemi ; beaucoup de ces ruines sont le fait de notre artillerie ; pour déloger les Prussiens des positions qu'ils avaient prises, il fallut canonner à outrance les pauvres maisons parisiennes de Saint-Cloud, de Sèvres, d'Argenteuil, de Montmorency ; ce que n'a pas détruit notre artillerie, a péri par les Prussiens. On se demande en parcourant ces régions désolées, plus tristes maintenant encore que naguère, pourquoi ces destructions systématiques, pourquoi ces incendies qui, prenant la première maison de chaque rue, continuaient jusqu'à la dernière, n'en épargnant çà et là quelques-unes, que pour mieux montrer que la volonté de détruire, et non le hasard de la guerre ont allumé ces brasiers. Sans doute ces incendies devaient, dans la pensée des Prussiens, dissimuler les déménagements opérés par l'armée allemande. L'opération de déménager les environs de Paris, faisait l'objet d'un service important. Sous la surveillance des officiers, des escouades de soldats emballaient devant les maisons les ameublements, les objets d'art, les pendules, les bibliothèques et les tableaux. Des caisses énormes à destination de l'Allemagne, s'amoncelaient aux gares de Versailles, de Saint-Cloud, de Montmorency, de Chelles et de Choisy-le-Roi, remplies de nos dépouilles, et s'acheminaient vers le Rhin par le retour des fourgons qui avaient amené les munitions et l'artillerie nécessaires au bombardement. L'avenir appellera l'empereur d'Allemagne : « *Guillaume le déménageur.* »

Un peu plus près de l'enceinte de Paris, à l'endroit même où nos avant-postes séjournèrent le plus longtemps, les propriétés n'eurent pas moins à souffrir. Si elles n'ont pas été brûlées, si les mobiliers n'ont pas pris la route d'Allemagne, ils ont été détruits par nos soldats eux-mêmes, soit pour le chauffage de leurs campements, soit pour leur cuisine. Les mobiles et les francs-tireurs traitèrent les avant-postes comme terrain conquis et ne se firent pas faute d'en user et d'en abuser sans discrétion ni scrupule. On dit même que des chefs de francs-tireurs déménagèrent à la prussienne et à leur profit quelques maisons de campagne assignées à leurs détachements. Les troupes françaises ont agi comme les soldats romains du consul Mummius au sac de Corinthe ; comme ceux-ci, elles ont anéanti par ignorance et par brutalité des richesses dont elles ne soupçonnaient pas la valeur ; il faut dire toutefois à leur décharge que le manque de discipline, cause de tous ces abus, doit être imputé aux officiers seuls qui n'eurent pas l'autorité nécessaire pour l'imposer à leurs soldats ; un séjour prolongé dans des propriétés abandonnées par un froid qui descendit quelquefois à 20 degrés, atténue la gravité de ces désordres.

La zone qui s'étend plus près encore de Paris, qui touche immédiatement au mur d'enceinte et qui formait avant le siége la continuation de la ville même, était couverte de constructions, d'usines et de propriétés privées, que le génie dut raser et faire disparaître pour les besoins de la défense. Il n'y a plus là qu'une plaine unie, remplie de gravois et de décombres, sans un arbre, sans un pan de mur, sans une aspérité. Le bois de Boulogne compris en partie dans cette zone n'a pas été plus épargné que le reste. Jusqu'à la hauteur des lacs, tous les arbres ont été coupés à moins d'un mètre de hauteur ; la même opération a été faite à l'autre extrémité de Paris sur le bois de Vincennes, dont les jeunes plantations qui avoisinaient Saint-Mandé n'existent plus qu'à l'état de souvenir.

D'ailleurs, les bois des environs ont beaucoup souffert du siége. L'expérience de la campagne ayant montré que les Prussiens combattent dans les bois plus volontiers qu'à découvert, le gouvernement avait décrété l'incendie des forêts à leur approche. On essaya de les détruire avec du pétrole, mais l'abondance de la sève en septembre empêcha l'entreprise de réussir; on ne fit qu'endommager les bois sans priver l'ennemi des avantages qu'il sait en tirer. Plus tard le froid rigoureux et le manque de combustible qui faillirent nous laisser mourir de froid dans Paris, nécessitèrent des coupes sombres, qui achevèrent la destruction de ce que les tentatives incendiaires du début et la consommation de l'armée avaient épargné. Ce qui restait du bois de Boulogne fut coupé, débité sur place et ramené dans Paris pour être distribué à la population grelottante. Les grandes avenues des boulevards extérieurs et des Champs-Élysées furent dépouillées pour le même usage de leurs arbres séculaires, par ordre du maire de Paris, quand la population elle-même, de son autorité privée, ne procéda pas à l'exécution sommaire de ces vétérans de la végétation parisienne. En face des douleurs créées par un hiver exceptionnel et encore aggravées par les privations de toute nature, il n'y a pas même un blâme à donner à ces abatages, qui en d'autres temps eussent été des actes de vandalisme et de sauvagerie.

Qui réparera ces ruines, ces dévastations colossales ; qui replantera ces forêts? Longtemps encore tous les environs de Paris en porteront la trace douloureuse, et apprendront aux générations futures à maudire les auteurs de cette guerre impie.

CHAPITRE XIV

Les ambulances. — Maladies régnantes pendant le siége : variole, fièvre typhoïde, etc., etc. — Mortalité des enfants et des vieillards. — Bulletins de la santé publique.

Le souci des blessés, de leurs besoins et de leurs souffrances fut, pendant toute la guerre, une des préoccupations principales de Paris. Dès le mois de juillet, des souscriptions s'étaient ouvertes de tous côtés pour leur venir en aide; des ambulances s'étaient multipliées, suivant les armées en marche, et suppléant à l'insuffisance du service de santé militaire. La rapidité de nos désastres et le mouvement précipité de retraite qu'ils imprimèrent à notre armée, laissèrent à peine à ces ambulances le temps d'agir. Talonnées sans cesse par les avant-gardes prussiennes, qui sans égard pour les immunités reconnues par la Convention de Genève, les faisaient prisonnières ; elles durent souvent se dérober, et la plupart du temps n'abordèrent les champs de bataille qu'au risque de se voir confisquées ou détruites.

Quand le siége commença, presque toutes avaient pu rentrer dans Paris, où elles ne tardèrent pas à se réorganiser en vue des nouveaux besoins créés par la situation.

Le service des ambulances de l'armée de Paris comprenait trois grands départements bien distincts : les ambulances militaires ; les ambulances de la Presse, qui formaient une annexe du ministère de la guerre ; et enfin les ambulances de la Société internationale de Genève, dont faisaient partie les ambulances fondées par l'initiative privée, telles que les ambulances américaine, italienne, belge, etc.

L'organisation de ce triple service n'empêcha point les particuliers d'ouvrir leurs appartements aux blessés et aux malades. Plus de seize mille lits furent mis à la disposition des mairies au premier appel fait au patriotisme des Parisiens par la municipalité.

Le service de santé militaire, malgré de notables améliorations de détails, laissait encore beaucoup à désirer par l'effet même de son organisation. Soumis au pouvoir arbitraire de l'intendance, il a dû souffrir comme tous les services qui relèvent de cette administration : toutes les fois que nos troupes ont été battues, il faut, en recherchant les causes, en imputer quelques-unes aux irrégularités de l'intendance ; toutes les fois que le service médical a manqué de ce qui lui était nécessaire, ce n'est pas aux chirurgiens, mais aux intendances qu'il convient d'attribuer ces retards ou ces manquements. De l'avis des hommes spéciaux, le pouvoir dictatorial de l'intendance est le plus grand obstacle au perfectionnement du service médical et devient tout à fait incompatible avec la dignité de la science et la liberté du dévouement. D'ailleurs, l'intendance est une plaie pour l'armée. C'est par elle que, pendant cette guerre, les soldats ont manqué de pain au milieu de l'abondance, et que dans les hôpitaux militaires durant le siége, ils ont manqué de médicaments, de couvertures et de feu.

La principale ambulance militaire de Paris était l'hôpital du Val-de-Grâce, auquel on avait donné pour annexes les baraquements construits au bout du jardin du Luxembourg, sur l'emplacement de l'ancienne pépinière, avec une partie des bâtiments du séminaire Saint-Sulpice et du palais du Louvre.

Le système des baraquements, pratiqué sur plusieurs points de Paris aussi bien par les ambulances militaires que par celles de la Presse et de la Société de Genève, a donné d'excellents résultats. Ce sont les Américains qui, les premiers, ont expérimenté les avantages de ces hôpitaux provisoires pendant la guerre de sécession, et qui ont continué depuis ce mode de construction, même pour leurs hôpitaux civils. On sait que les hôpitaux permanents ne tardent pas à devenir pernicieux par suite de l'accumulation des miasmes putrides, et que l'atmosphère viciée qu'on y respire donne naissance à des complications morbides connues sous le nom de « *pourriture d'hôpital* ». Les baraquements en bois ont justement le privilége d'éviter presque toujours cet accident, grâce à l'aération facile du pavillon, et surtout à la faculté d'abandonner et de détruire, au bout d'un certain temps, ces constructions légères et peu coûteuses. Avant qu'on commençât à Paris les travaux du nouvel Hôtel-Dieu, des observations en ce sens avaient été soumises au gouvernement impérial par les membres les plus autorisés du corps médical ; mais il fallait à l'empire un monument de charité qui fût, aux yeux des classes ouvrières, l'excuse des folies du nouvel Opéra. Les raisons politiques l'emportèrent sur les raisons scientifiques, au risque d'entretenir plus tard, au centre de Paris, un foyer permanent d'infections et d'épidémies.

Les *ambulances de la Presse* ont prouvé, par les services qu'elles ont rendus pendant la guerre et surtout pendant le siége, ce que peut l'initiative privée quand elle agit en dehors de l'action administrative du gouvernement.

Le 16 juillet 1870, quelques directeurs de journaux se réunissaient sur l'appel de M. Edmond Tarbé, qui leur proposa l'ouverture d'une souscription patriotique en faveur des armées françaises par la voie de la publicité périodique. L'idée, chaudement accueillie, fit si promptement son chemin, qu'elle produisit en peu de temps la somme ronde de un million.

Voici quelques passages du rapport de M. de la Grangerie au comité, sur l'emploi de ces fonds et sur les résultats de l'entreprise :

« Avant l'ouverture des hostilités, le comité des ambulances de la presse se proposait d'atteindre un triple but :

« Amélioration de la vie du soldat dans sa rude campagne ;

« Secours aux blessés sur le champ de bataille ;

« Indemnité après la guerre aux familles les plus éprouvées.

« De ce programme, la première partie ne put recevoir son exécution. La rapidité de nos désastres ne permit pas à notre comité de s'entendre avec les chefs de corps pour leur adresser utilement les dons en nature qu'il se proposait d'offrir à nos soldats ; il abandonna résolûment les traditions de la souscription pour l'armée de Crimée, et, tournant toute son attention vers la seconde partie de son programme, il s'occupa des secours aux blessés sur le champ de bataille.

« Les efforts individuels et collectifs de la charité privée, aussi bien que de la charité publique, commençaient à donner à cette guerre douloureuse un caractère tout particulier que n'avaient jamais eu jusqu'ici les guerres précédentes. La Convention de Genève avait officiellement inscrit dans le code barbare des combattants le droit imprescriptible de l'humanité ; tous les dévouements accouraient se ranger sous le drapeau blanc à croix rouge ; il ne manquait à cet élan tout national qu'une direction : notre Comité l'a rencontrée dans un illustre maître, avec la science, la fermeté, la haute intelligence nécessaires pour créer ce qui n'existait pas encore et coordonner ce qui existait déjà, les éléments d'une grande œuvre. M. le docteur Ricord organisa rapidement, en vue de la grande lutte qui se préparait, sous nos murs, l'armée médicale et chirurgicale volontaire qui devait lutter de courage et de patriotisme jusque sur les champs de bataille avec l'armée de défense.

« Une ville assiégée qui livre d'incessants combats, qui expose tous les jours ses troupes aux douloureuses épreuves de la pluie et du froid, a bientôt fait de remplir les établissements officiels de secours : de là le rôle de la charité et de l'initiative privée. L'ambulance s'ouvre au moment où l'hôpital se ferme ; une double nécessité apparaît : ramasser aux premiers rangs le soldat qui tombe terrassé par la fièvre et par le feu de l'ennemi, et le transporter, dans les meilleures conditions possibles, jusqu'au lit qui l'attend pour sa guérison. De là l'ambulance mobile et l'ambulance fixe, la première pourvoyeuse de la seconde. Voilà le point de départ de l'organisation des AMBULANCES DE LA PRESSE, telle que son comité l'a comprise et exécutée.

« Sur la ligne d'investissement, cinq postes régulièrement espacés, composés de médecins et de brancardiers en nombre suffisant, munis de tout le matériel nécessaire pour le premier pansement et l'enlèvement des blessés et des malades, garnis de lits provisoires, pourvus de moyens de transports rapides et confortables, ont fonctionné dès le premier jour avec une régularité et un zèle qui ont mérité les plus vifs éloges. A mesure que notre ligne de défense s'étendait davantage, des avant-postes étaient établis jusqu'à nos grand' gardes, à quelques centaines de mètres de l'ennemi, si près que plusieurs des nôtres ont été atteints par les projectiles.

« Les jours de bataille, deux cents voitures chargées de matelas, de couvertures et de brancards emmenaient, sous le feu même, un nombreux personnel qui a fait courageusement ses preuves et compté trop de victimes pour qu'il soit nécessaire de faire ici son éloge.

« *Douze mille* hommes ont été ainsi ramassés jour par jour par nos postes mobiles et par nos escouades, et ramenés dans l'intérieur de Paris; les états nominatifs fournis par nous au ministère de la guerre en font foi.

« Nos hôpitaux-ambulances, au nombre de douze, administrés par des économes-directeurs, dans lesquels les sœurs de la charité et les frères de la doctrine chrétienne ont prodigué leurs soins touchants aux victimes de la guerre, et nos trente ambulances annexes ont hospitalisé jusqu'au 31 décembre, depuis le commencement du siége, plus de *deux mille* blessés ou malades, représentant au moins *trente mille* journées de traitement. »

Le gouvernement reconnut les ambulances de la Presse comme annexes du ministère de la guerre, leur donna les Tuileries pour quartier général et commissionna militairement leur personnel. Depuis la paix, les hôpitaux annexes des ambulances de la Presse se ferment à mesure que les guérisons se multiplient. On a réuni, dès qu'on l'a pu, tout ce qui restait de malades dans les pavillons de Longchamps qui s'élèvent comme un village de bois à l'extrémité de l'avenue du général Uhrich, et demeureront ouverts jusqu'au rétablissement complet de leur dernier hôte.

L'insuffisance depuis longtemps constatée des services de santé pendant la guerre a donné naissance aux sociétés de secours aux blessés et à la Convention de Genève pour la neutralisation des ambulances. La Convention de Genève a été signée le 22 août 1864 par les délégués de l'Angleterre, de Bade, de Belgique, de Danemark, d'Espagne, des États-Unis, de France, de Hesse, d'Italie, des Pays-Bas, de Portugal, de Prusse, de Russie, de Suède, de Suisse et de Wurtemberg. Elle déclare neutres : 1° les *lieux de traitement des blessés* ; 2° le *personnel* des hôpitaux et ambulances, intendance, service de santé, d'administration, de transport et les aumôniers ; 3° le matériel *des ambulances*, mais non celui des hôpitaux fixes ; 4° les *habitants du pays* qui portent secours aux blessés ; 5° les militaires eux-mêmes, blessés ou malades pendant la durée de leur séjour à l'ambulance ou à l'hôpital ; 6° le drapeau et le brassard portant la croix rouge sur fond blanc adopté comme signe distinctif de la neutralité des lieux, des personnes et des choses.

Le 20 octobre 1868, quinze articles additionnels complétèrent l'œuvre de 1864, en précisant quelques-unes des stipulations et en étendant les avantages de la Convention aux armées de mer.

La Société française de secours aux blessés, sous la présidence du comte de Flavigny, a rendu d'importants services aux soldats et à la nation ; elle a fait suivre nos armées de seize ambulances équipées ; elle a fondé dans Paris des milliers de lits répartis en plus de deux cents ambulances fixes ; elle a distribué du linge, des vivres et de l'argent. Mais il faut dire qu'avec les sommes énormes dont elle pouvait disposer, elle aurait fait mieux encore si elle n'avait pas, par esprit de coterie, dévié quelque peu du but qu'elle se proposait d'atteindre. Elle s'est préoccupée souvent du confortable apparent plus que de l'hygiène véritable ; elle a donné la préférence, pour y établir ses malades et ses blessés, à des locaux somptueux comme le Grand-Hôtel, au lieu de chercher, loin du centre de Paris, des asiles bien aérés. La mortalité de l'ambulance du Grand-Hôtel a démontré malheureusement trop tard les inconvénients de ce système. Elle a déplacé des malades pour des motifs souvent futiles et réparti quelquefois des blessés suivant une règle extra-médicale. Elle a trop rétribué ses chirurgiens et leurs aides, et laissé subsister d'autres abus que les ambulances de la Presse ont toujours soigneusement évités. Sous ces réserves, qui ne touchent qu'aux détails administratifs, la Société française, par son dévouement et son zèle, a bien mérité de l'humanité.

La municipalité de Paris créa dans chaque secteur une *ambulance de rempart* destinée à recevoir les blessés de la garde nationale, de l'artillerie ou du génie, dans le cas où la lutte viendrait à s'engager autour de l'enceinte. Ces ambulances, organisées aux frais de la ville de Paris, coûtèrent fort cher d'entretien sans avoir jamais d'utilité sérieuse, précisément à cause de la nature des opérations militaires. Nous ne les citons que pour mémoire.

Il serait assez difficile d'indiquer exactement le chiffre des tués et blessés dans l'armée et dans la garde nationale pendant le siége de Paris. Mais on peut avancer que les balles et les obus prussiens n'ont pas été, pour la population militaire et civile de Paris, le plus redoutable agent de destruction. Les maladies épidémiques, le froid, la misère, le manque d'aliments, les fatigues de toutes sortes ont fait plus de vides parmi nous que les projectiles des assiégeants.

Au premier rang des maladies qui ont causé la plus grande mortalité, il faut placer la variole. Cette maladie, depuis bientôt deux ans, sévissait sur la population de Paris avec une intensité toujours croissante. A dater de l'investissement, la maladie redoubla. Deux circonstances tout à fait exceptionnelles donnèrent à l'épidémie un aliment nouveau. Ce furent l'arrivée simultanée de 80,000 mobiles de la province et de plus de 100,000 réfugiés de la banlieue et des départements voisins de Paris.

Nous ne saurions mieux faire, pour donner une idée de l'épidémie variolique, que d'analyser les notes qu'a bien voulu nous confier le docteur Legrand du Saulle, chargé durant le siége de l'un des grands services de varioleux de Bicêtre.

« L'Hôpital militaire de Bicêtre, ouvert le 13 octobre 1850 et fermé le 22 mars 1871, a reçu, dans cet intervalle, 8,209 varioleux qui ont donné lieu à 1,273 décès.

« Les complications de la variole ont presque invariablement consisté dans des bronchites, des pneumonies, quelques épanchements pleurétiques et, de loin en loin, quelques cas de rhumatisme articulaire aigu.

« Quatre-vingts cas de variole hémorrhagique (variole noire) ont été observés; soixante-quatorze décès très-rapides.

« Les malades arrivaient en cacolets par un froid très-rigoureux; ils étaient parfois restés dans les tranchées jusqu'à l'apparition de l'exanthème, et l'hôpital de Bicêtre n'a pas été chauffé du 20 décembre au 10 mars, le charbon de terre, qui pouvait seul alimenter les appareils de chauffage de l'établissement, ayant totalement fait défaut. La température des salles était donc très-basse : la tisane y gelait! La sollicitude des médecins venait se briser contre les circonstances les plus extraordinairement douloureuses. Les malades, le plus souvent, étaient privés de sommeil à cause du bruit du canon qui était incessant pendant le bombardement, le fort de Bicêtre, la redoute de Villejuif, les Hautes-Bruyères et le Moulin-Saquet, voisins de l'hôpital, tirant sans cesse, avec leur artillerie formidable, sur Bagneux et sur Châtillon. »

La variole a donné dans Paris, du 4 septembre au 3 mars, 7,985 décès. La fièvre typhoïde, pour la même période,

4,134; la pneumonie, 5,168, et la bronchite, 6,002, soit 11,170 pour l'ensemble des affections pulmonaires aiguës (1).

Il convient d'ajouter à la liste des maladies régnantes pendant le siége, la dyssenterie, la diarrhée, le scorbut et le typhus, qui firent des ravages dans les rangs de l'armée, sans toutefois atteindre les proportions formidables de la variole et des maladies de poitrine.

Dans le dernier mois du siége, la mortalité frappa surtout les enfants nouveau-nés et les vieillards. La cause en est facile à comprendre. Pour les premiers, le manque presque complet de laitage devenait une cause de mort certaine. En vain avait-on réservé jusqu'à la dernière heure trois mille vaches laitières à leur usage. La plupart étaient presque taries par suite de mauvaise nourriture, si bien que chaque arrondissement pouvait disposer, par jour, d'à peine cinquante litres de lait pour une population de plusieurs milliers d'enfants au biberon ! Le lait concentré rendait quelque service, mais ne pouvant remplacer le lait véritable, les enfants mouraient littéralement de faim.

Les vieillards et les personnes délicates, dont les estomacs ne purent supporter ni le cheval ni le pain noir, mouraient aussi par milliers, si bien que les enterrements se suivaient en longues files sur les boulevards et dans les rues, ajoutant leur cortége à l'aspect déjà lugubre des magasins fermés et des promenades vides.

Voici, d'après les bulletins de la santé publique, publiés chaque semaine, le tableau de la mortalité constatée pendant l'investissement, suivi des chiffres de la mortalité pendant les semaines correspondantes de l'année qui précède :

(1) *Gazette des Hôpitaux du* 25 mars.

	Décès constatés à Paris du 18 septembre 1870 au 25 février 1871.		Décès constatés à Paris du 18 septembre 1869 au 25 février 1870.
Du 18 au 24 septembre 1870...	1,272	—	820
— 25 septembre au 1er octobre..	1,344	—	713
— 2 au 8 octobre............	1,483	—	747
— 9 au 15 —	1,610	—	752
— 16 au 22 —	1,746	—	825
— 23 au 29 —	1,878	—	880
— 30 octobre au 5 novembre....	1,762	—	921
— 6 au 12 novembre.........	1,885	—	877
— 13 au 19. —	2,064	—	900
— 20 au 26 —	1,927	—	933
— 27 novembre au 3 décembre...	2,023	—	846
— 4 au 10 décembre.........	2,455	—	882
— 11 au 17 —	2,728	—	955
— 18 au 24 —	2,728	—	980
— 25 au 31 —	3,280	—	921
— 1er au 6 janvier 1871.......	3,680	—	1,106
— 7 au 13 —	3,982	—	998
— 14 au 20 —	4,465	—	980
— 21 au 27 —	4,376	—	1,044
— 28 janvier au 2 février.......	4,671	—	1,005
— 3 au 10 février..............	4,451	—	1,139
— 11 au 17 —	4,103	—	1,292
— 18 au 25 —	3,941	—	1,362
Totaux.............	63,854	—	21,878

Ces chiffres peuvent se passer de commentaires. Si on retranche des 64,000 décès du siége les 22,000 décès de l'année précédente, qui peuvent être considérés comme le chiffre normal de la mortalité en temps ordinaire à Paris, on verra qu'il faut attribuer à l'investissement et à ses conséquences, la mort de 42,000 habitants, sans compter les morts du champ de bataille. Ce n'est que moitié de ce que M. de Bismark comptait laisser périr, mais c'est plus qu'il ne faut pour justifier la haine que Paris a vouée au peuple allemand.

CHAPITRE XV

Aspect de Paris. — Les placards. — Les caricatures. — Les journaux. — L'éclairage. — Paris la nuit. — Conférences et représentations théâtrales. — Papiers et correspondances de la famille impériale.

Si, pendant les mois de décembre ou de janvier, un Parisien tombant du ciel, c'est-à-dire de ballon, fût venu à Londres, et qu'il eût voulu faire fortune, il lui eût suffi de raconter tous les soirs, en public, les événements du siége de Paris. Ce qui se passait ici semblait tellement extraordinaire à l'Europe, on professait à ce moment-là, pour notre héroïsme, une admiration si grande, que le Parisien en question n'aurait pas même eu besoin de parler. Il n'y a pas un Anglais qui, pour le toucher ou le voir seulement, eût refusé de donner un shilling !

Ceux qui ne connaissent que le Parisien et le Paris des temps ordinaires, ne peuvent, en effet, se faire une idée du Paris et du Parisien assiégés. Seul le squelette de la ville n'avait pas changé, c'est-à-dire que dans les mêmes rues, sur les mêmes places, autour des mêmes monuments, s'agitait une population toute nouvelle d'aspect, d'habitudes, de mœurs et de costumes.

Le matin, Paris s'éveillait au bruit du canon. Dès huit heures, les gardes nationaux sortaient des maisons s'en allant à l'exercice un peu partout, tandis que les ménagères allaient s'installer à la queue des boucheries, des cantines ou des boulangeries. Les boutiques s'ouvraient lentement deux sur dix, tantôt plus tantôt moins, suivant les quartiers. Moins il y avait de commerce, plus on s'ingéniait à vendre quelque chose; les denrées alimentaires les plus fantastiques s'épanouissaient aux vitrines les moins faites pour les recevoir. Chacun cherchait à battre monnaie en trafiquant de son superflu. On trouvait des pommes de terre, du fromage et des haricots chez des bijoutiers; du saucisson, des andouilles et du boudin de cheval chez des libraires; des confitures, des volailles et des œufs frais chez des marchands de nouveautés!

Des guinguettes s'étaient ouvertes un peu partout et principalement dans le voisinage des remparts; on y donnait à boire en plein vent, on faisait des crêpes à l'huile et d'autres fritures sans nom, fort goûtées des gardes mobiles et du gamin de Paris qui déjeunait mal alors au domicile paternel. Peu à peu les boulevards s'emplissaient de flâneurs et de curieux, en quête des nouvelles du matin. On s'arrêtait au coin des rues, devant les affiches du gouvernement ou devant les kiosques tapissés d'illustrations et de caricatures.

Le gouvernement du 4 septembre pourrait s'appeler le gouvernement de l'affichage à outrance; jamais plus de feuilles blanches n'ont tapissé les murs de Paris; cela d'ailleurs s'explique aisément, puisque s'étant emparé de tout, il avait à s'expliquer sur tout et à répondre de tout. On courait d'abord aux affiches relatives aux subsistances, aux réquisitions, aux distributions de denrées; puis on jetait un coup d'œil sur les nouvelles militaires; elles étaient, hélas! presque les mêmes chaque matin : « *Le général ***, a poussé une reconnaissance jusqu'au village de..., l'ennemi s'étant présenté en forces, nous avons dû nous replier. Mais le but de la reconnaissance a été atteint.* » Voilà le thème habituel des rapports militaires. Souvent le gouverneur de Paris ajoutait un *post-scriptum* de son crû à ces sobres renseignements. Tantôt, en phrases molles et filandreuses, il invitait la population à la patience, et surtout à avoir foi en son plan mystérieux; tantôt il signalait quelque fait d'armes de nos régiments, dans un langage qui lui est propre et où l'on retrouve constamment cette étrange expression : « Tel corps d'armée, tel général s'est *hautement honoré* devant le pays. »

Les illustrations et les caricatures, à quelques rares exceptions près, n'ont pas été, durant le siége, à la hauteur de la verve et de l'esprit habituels de Paris. Disons de suite que ce fouillis de papier noirci, peinturluré de rouge et de bleu n'a pas trouvé une inspiration digne de l'art. Qu'importe qu'on ait fait passer sous nos yeux, dans une lanterne magique de carrefour, la famille impériale changée en ménagerie, ou qu'on ait fait grimacer vulgairement les figures répulsives de l'état-major prussien ? Tout cela ne dépasse pas en conception ni en couleur l'imagerie d'Épinal. On sent que les artistes sont ailleurs, et que l'esprit gaulois de Paris a quitté cette route. On le retrouve aux remparts, où M. Falguière modèle en neige une grande statue de la *Résistance.* La Résistance en neige, qui doit se fondre au premier soleil! Ce fut, hélas! une prédiction trop claire de ce qui allait advenir de la résistance de Paris!

On se détournait avec dégoût de ces collections obscènes offertes aux passants par des industriels interlopes, et le gouvernement fit bien de laisser le public faire justice tout seul de ces caricatures ordurières, en dépit des philippiques de M. Veuillot.

A l'heure où paraissent les journaux du soir, le boulevard redoublait d'animation; si le froid n'était pas trop vif, la terrasse des cafés se garnissait de lecteurs; des groupes se formaient autour des kiosques, on lisait tout haut la nouvelle du jour; on discutait à outrance.

Il y a beaucoup trop à dire en bien et en mal, en mal surtout, du rôle qu'a joué la presse durant la guerre, pour que nous osions essayer ici de lui faire son procès. On comprend qu'avant le 4 septembre, elle ait, moitié par crainte de la suppression, moitié par chauvinisme, atténué la vérité sur nos désastres militaires. Elle avait alors des correspondants qui ne pouvaient suivre les opérations qu'à la condition de faire patte de velours aux états-majors; si, parfois, la vérité parvenait jusqu'au public, ce n'était qu'entourée de voiles, aussi bien pour ne pas attirer sur le journal les foudres du ministère, que pour la faire accepter par l'opinion, qui n'admettait pas encore que nous puissions être battus.

Quand la révolution du 4 septembre eut rendu à la presse sa liberté pleine et entière, beaucoup de journaux persistèrent, par habitude, dans un optimisme désastreux. Toute l'ancienne presse, sans distinction de nuances politiques, et une bonne partie des journaux nés de la guerre et de la révolution, s'unirent dans un concert d'admiration pour le gouvernement de la défense nationale, pour le général Trochu en particulier; quelques-uns par l'effet d'une confiance véritable, le plus grand nombre par la crainte de diviser l'opinion et de servir d'appoint et de renfort à la presse socialiste ou jacobine, représentée par les journaux de MM. Félix Pyat et Blanqui, le *Combat* et la *Patrie en danger*.

A proprement parler, jusqu'après le 31 octobre, il n'y eut que deux sortes de journaux : ceux qui défendaient et approuvaient le gouvernement, ceux qui cherchaient à le renverser par habitude d'opposition systématique plus que par patriotisme, et surtout pour substituer des personnes et des systèmes nouveaux au gouvernement existant.

Plus tard, quand l'incapacité militaire du général Trochu devint évidente, qu'on s'aperçut du mauvais effet des mesures économiques décrétées par l'Hôtel de ville; quand les subsistances se mirent à diminuer effroyablement, sans qu'on entrevît la possibilité du succès si longtemps espéré, la presse changea de ton, comprit qu'elle avait fait fausse route, et revint sur son opinion favorable. Malheureusement les critiques étaient trop tardives pour qu'elles changeassent le dénoûment, et il ne fallait pas, dans l'intérêt de Paris, qu'elle les poussât assez loin pour faciliter en un tel moment une révolution politique.

Il est à regretter que plusieurs journaux qui, pendant l'empire, étaient devenus des puissances par l'abus des nouvelles à sensation, aient cru pouvoir continuer ce procédé durant le siége, en face de la gravité des circonstances. La soif qu'ils avaient d'annoncer une nouvelle avant tous les autres journaux, sans avoir pris la peine d'en contrôler l'exactitude, a plusieurs fois jeté la population dans l'erreur au sujet des événements, et fait naître dans son sein de chimériques espérances. Un autre travers de quelques journalistes a été de se lancer dans des discussions stratégiques qui leur ont valu le sobriquet de *généraux en chambre*, et qui, la plupart du temps, ne reposaient que sur des notions erronées de l'art militaire.

Quant au patriotisme de la presse, il fut unanime, et tous ses efforts tendirent à encourager Paris dans la résistance et dans l'esprit de sacrifice.

Le soir venu, l'aspect de Paris, d'étrange qu'il était pendant le jour, devenait véritablement lugubre. Avant que le gaz fît tout à fait défaut, ce qui arriva vers la fin de novembre, on avait dû, pour en prolonger quelque peu la réserve, éteindre dans toutes les rues quatre becs sur cinq et réduire dans la même proportion la consommation des maisons et des établissements particuliers. Un éclairage de sous-préfecture ; c'était Paris-Carpentras ! Quand il n'y eut plus de gaz, on y substitua des lampes à pétrole, qui jetaient aux coins des rues leurs lueurs blafardes et laissaient l'obscurité maîtresse à deux mètres du lampion. Quand une patrouille ou quelque soldat isolé passait avec ses armes, sous la clarté de ces lampes, au milieu de la rue déserte, on eût dit que Paris fût revenu au temps de Louis XIII, à l'époque triomphante des estafiers et des coupe-jarrets ! Cette solitude, qui commençait à huit heures du soir, était complète à dix heures et demie. Les cafés se vidaient, par ordre, à dix heures; toutes les lumières des maisons s'éteignaient peu à peu ; seul, le pétrole municipal continuait à brûler, et le silence n'était interrompu, jusqu'au lendemain matin, que deux ou trois fois dans la nuit, par le passage de quelque convoi de munitions et par le galop des estafettes.

La fermeture des cafés à dix heures, arrêtée par M. de Kératry, en même temps que la fermeture des théâtres, ajoutait encore à la tristesse, et surtout à la longueur des nuits parisiennes. D'ailleurs, ils étaient peu fréquentés, et ceux qu'on y rencontrait y recherchaient surtout la chaleur, que le manque de combustible les empêchait de trouver chez eux. La consommation dans les cafés resta la même qu'en temps ordinaire, si ce n'est que la bière disparut et fut remplacée par un breuvage épouvantable, qui n'en avait pas même la couleur. Quant aux restaurants, le plus grand nombre se ferma, d'autres luttèrent tant qu'ils purent contre la disette ; on mit le consommateur à la portion congrue, jusqu'au moment où l'on dut afficher dans les salles : *Le client est prié d'apporter son pain !* Les seules réunions du soir furent, pour les ardents, les clubs; pour d'autres, les conférences littéraires et quelques représentations théâtrales, données de temps en temps, soit au bénéfice des blessés, soit pour subvenir à des dépenses patriotiques ou charitables. Le programme de ces soirées était habituellement inspiré par les circonstances ; on y traitait des questions d'hygiène ou d'alimentation, des sujets militaires ou d'histoire ; à moins qu'on n'y récitât des vers dictés par une muse guerrière aux poëtes parisiens. Le siége vit éclore quelques poésies délicates, qui tiraient alors de l'actualité leur vertu principale et qui furent vivement applaudies dans les théâtres où elles furent présentées.

La publication qui, durant l'investissement, eut le privilége d'attirer le plus fortement l'attention et la curiosité du public, fut celle des *Papiers et Correspondances de la famille impériale*. Ces documents, trouvés aux Tuileries ou dans les ministères, au lendemain du 4 septembre, jettent un jour singulier sur les événements des dernières années de l'empire, plus particulièrement sur ses derniers jours. On y voit la preuve irréfutable du vaste espionnage politique organisé dans tous les départements, de l'avilissement de la magistrature, qui descendit complaisamment au rôle de policière; de l'abaissement systématique des caractères et des âmes, pratiqué comme moyen de gouvernement. On voit éclater, dans les correspondances et les dépêches relatives à la guerre, l'imprévoyance et l'incapacité de tous les chefs de service : le désordre est partout, dans l'armée comme dans l'administration ; les généraux perdent leurs régiments, les soldats n'ont ni campements ni munitions. On refuse, par des raisons de pure politique, d'armer les gardes nationales, d'organiser les corps francs et les volontaires à l'approche de l'ennemi. Enfin, l'empire apparaît tel qu'il était vraiment par ces correspondances. Elles livrent aux crachats de l'histoire ces flibustiers sinistres, qui, après avoir ouvert l'abîme où la France va tomber, trouvent vrai le mot de la fin de leur tragédie : « ... *Filons pour la Belgique*! (1) »

(1) Télégramme du 4 septembre à l'impératrice.

CHAPITRE XVI

Quelques morts. — Notes biographiques. — Conclusion.

Lorsque le conflit de deux peuples dégénère en guerre de race, et qu'après la destruction des armées régulières de l'un d'eux, les exagérations du vainqueur mettent en péril l'existence même de la nation vaincue, toutes les forces de celle-ci se jettent dans la lutte, tout ce qui est animé de quelque patriotisme et de quelque virilité se fait soldat. Ce qui combat alors, ce n'est plus l'armée dans le sens habituel du mot, c'est le pays lui-même. Voilà pourquoi Paris compte, parmi ceux qui se sont fait tuer pour la défense, tant de noms connus dans les arts, dans les sciences, dans les lettres, dans l'industrie, dans la politique, et qui semblaient destinés à une autre illustration que celle de tomber sur un champ de bataille.

La mort du soldat qui fait partie d'une armée régulière n'est ni moins honorable, ni moins douloureuse que la leur; mais celui-ci trouve en combattant la fin prévue, la conséquence probable de sa carrière. En devenant soldat, il a fait pour ainsi dire un pacte avec la mort. Aussi ne citerons-nous parmi les victimes glorieuses du siége de Paris que quelques-unes de celles ue a gueire semblait devoir épargner.

Le comte Picot de Dampierre, chef de bataillon des mobiles de l'Aube, tomba le 13 octobre frappé d'une balle, au moment où il enlevait la première barricade de Bagneux. Grand chasseur, et maître d'une belle fortune, il avait fait de son château de Bligny le rendez-vous d'automne de tous les amis de Saint-Hubert. Descendant du général de Dampierre, qui mérita d'être enterré au Panthéon, il a prouvé par sa conduite devant Paris que bon sang ne peut mentir. Transporté à l'ambulance des dominicains d'Arcueil, il y mourut dans les bras de son beau-frère, le marquis H. de Rougé.

Le colonel Mandat de Grancey, commandant les gardes mobiles de la Côte-d'Or, qui avait été mis à l'ordre du jour de l'armée pour sa belle conduite au combat de Bagneux, fut frappé mortellement au commencement de la bataille de Villiers. Il avait à peine quarante ans. Élève de l'école de Brest, le comte de Grancey obtint en 1855 le grade d'enseigne de vaisseau ; en 1859, celui de lieutenant de deuxième classe. En 1861, il était officier d'ordonnance du ministre de la marine. En 1862, il donnait sa démission et épousait Mlle de Rivière, fille de l'ambassadeur de ce nom, et se retirait dans sa superbe terre patrimoniale de Grancey-le-Château, qu'il ne quitta que pour conduire à Paris les bataillons de la garde mobile bourguignonne.

Le commandant des éclaireurs à cheval, *Franchetti*, eut la cuisse brisée d'un éclat d'obus à la bataille de Villiers et mourut des suites de l'amputation pratiquée par le docteur Ricord à l'ambulance du Grand-Hôtel. Possesseur d'une grande fortune et récemment marié, M. Franchetti avait tout quitté pour se vouer à la défense de Paris ; il avait su conquérir déjà sa place en prenant part à toutes les affaires du siége avec une vaillance et un sang-froid remarquables, à la tête de la troupe d'élite d'éclaireurs qu'il avait organisée et qu'il commandait.

Le comte de Neverlée, officier d'ordonnance du général Ducrot, avait obtenu de se choisir une petite troupe d'élite parmi les hommes qu'il avait distingués, pour aller en avant et remplir toujours les missions les plus périlleuses. C'est ainsi qu'au mois de novembre, il enlevait une patrouille prussienne en plein Saint-Cloud à la tête de quelques hommes.

Le comte de Neverlée périt à la bataille de Villiers d'une balle dans les reins.

Le lieutenant Texier, du premier bataillon des mobiles de la Vienne, neveu de M. Ed. Texier, fut blessé le 6 décembre, dans un combat d'avant-postes à la ferme du Petit-Tremblay près de Joinville-le-Pont. Au moment où ce jeune officier ramenait en avant une section de sa compagnie, qui voyant le feu pour la première fois s'était repliée trop vivement, il reçut une balle à l'épaule et une autre à la cuisse. Ramené dans la nuit à l'ambulance du Grand-Hôtel, il y mourut le lendemain. M. Émile Texier n'avait que vingt et un ans.

Les frères des écoles chrétiennes ont payé largement leur dette à la patrie, par le dévouement qu'ils mirent au service des ambulances. Un des leurs, *le frère Nethelme*, fut frappé le 21 décembre à la bataille du Bourget, au moment où, précédé du drapeau de Genève, il avançait avec plusieurs membres de son ordre pour relever les blessés et enterrer les morts. Il y aurait injustice à ne pas rendre un hommage mérité à la conduite honorable des frères des écoles chrétiennes de Paris.

La bataille du 19 janvier, qu'on peut appeler la bataille de la garde nationale, a coûté cher à Paris. L'art y a fait une perte qu'on peut dire irréparable par la mort de *Henri Regnault*. Il était à Tanger lorsque la défaite de Sedan ouvrit aux Prussiens la route de l'île de France. Il venait d'y installer un atelier pour étudier à fond ce monde mystérieux de l'Islam, encore si peu connu, malgré Marilhat, Delacroix et Decamps. Son titre de prix de Rome l'exemptait de tout service militaire; mais il est des priviléges dont une âme généreuse ne sait pas tirer parti. Il revint assez à temps pour entrer à Paris avant l'investissement.

Un membre des ambulances parcourant le champ de bataille de Buzenval, le lendemain de l'affaire, crut le reconnaître. Il ouvrit la capote du mort et lut sur une étiquette cousue à la doublure :

Henri Regnault, peintre,
fils de Regnault, de l'Institut,
69e bataillon.

Voici dans quels termes Théophile Gautier juge l'œuvre de ce jeune artiste :

Avec Henri Regnault disparaît, pour la peinture, la possibilité d'un avenir nouveau. Si ce jeune maître avait eu des jours plus nombreux, la face de l'art pouvait être changée ou modifiée. Dans le monde des formes et des couleurs, il avait ouvert des perspectives, signalé des horizons jusqu'ici restés inaperçus. Les rapports de ton que les peintres ne saisissent pas étaient sensibles aux yeux de cet artiste si merveilleusement doué qui semblait avoir, pour parler le langage de Swedenborg, le don de *correspondance*. Il voyait l'âme de la couleur là où les autres n'en voient que le corps, et il savait reconnaître sous les disparates apparentes les secrètes affinités des nuances. Il dégageait la singularité intime et personnelle des types, les mettant dans tout leur relief et les montrant sous leur angle étrange et bizarre, sans perdre le charme comme cela est trop souvent arrivé aux peintres de l'école romantique. Nul mieux que lui ne comprenait l'exotique séduction des barbaries pittoresques et n'était plus profondément entré dans l'idéal de l'Orient.

On ne peut porter un jugement définitif sur un artiste arrêté dès ses premiers pas, des pas, il est vrai, pareils à ceux des dieux d'Homère qui atteignaient en quatre pas au bout du monde. Mais depuis son tableau pour le grand prix de Rome, *Thétis apportant les armes à son fils Achille*, d'une couleur déjà si fine et si rare, Regnault avait parcouru un chemin immense. Le portrait de *la Dame en rouge* se détachant d'un fond de rideau rouge, le portrait équestre du *général Prim*, le délicieux petit portrait *de Duchesse en rose*, la *Judith tuant Holopherne*, la *Salomé* du dernier Salon, ont montré quel grand maître était déjà ce jeune homme encore élève à la villa Médicis, et qui n'avait pas vingt-sept ans. Jamais originalité plus frappante et plus incontestable ne s'est révélée si soudainement au public. Toutes ces toiles, admirées, critiquées, ont soulevé devant elles la rumeur qu'excitent toujours les œuvres remarquables qui contiennent nécessairement un peu de « cette beauté choquante » dont la routine s'alarme. Le nom de Regnault était devenu célèbre; il était l'événement du Salon; son influence se faisait déjà sentir, et il eût bientôt imprimé une direction nouvelle au mouvement de l'art.

Henri Regnault était de taille moyenne; son visage olivâtre portait le masque hâlé des pays chauds; ses cheveux noirs, courts, frisaient sur un front bas, large et volontaire. Une barbe taillée en pointe complétait cette physionomie, qui rappelait assez exactement la tête romaine de Lucius Verus. Sans connaître Regnault, on pouvait dire en le voyant passer : Voilà quelqu'un.

Le même jour qui priva Paris du peintre Regnault, l'ambulance de la Comédie-Française reçut parmi ses blessés un des artistes de ce théâtre. *Le jeune Séveste,* pensionnaire du Théâtre-Français, avait eu la jambe fracassée par une balle à Buzenval, et dès son arrivée à l'ambulance, il fallut renoncer à l'espoir de lui conserver sa jambe.

L'amputation eut lieu, et pendant quelque temps parut avoir réussi. On sait que la Comédie-Française n'a pas hésité, pendant le siége, de faire de la maison de Molière une ambulance soigneusement entretenue. Nos grandes comédiennes ont bravement porté le tablier des infirmières. C'est assez dire que Séveste eût été sauvé s'il avait pu l'être. Malheureusement les soins les plus délicats ne purent arrêter le mal et sauver le jeune artiste.

Gustave Lambert, l'audacieux explorateur du pôle nord, l'homme qui promettait une route nouvelle à la navigation des deux mondes, est tombé comme le plus obscur dans le funeste combat du 19 janvier. La France entière connaissait Gustave Lambert. Tous nos départements, nos moindres villes l'avaient vu, apôtre infatigable de son idée, rallier les plus récalcitrants et les moins généreux à la grandeur de son entreprise.

Blessé grièvement, Gustave Lambert a été tué autant par le mal moral que par le mal physique. La grande inquiétude de sa dernière heure fut d'abandonner, au moment de la voir couronnée de succès, l'œuvre à laquelle il avait voué sa vie. Quel Français tentera maintenant d'aborder cette mer libre du pôle à laquelle les savants croient comme Lambert, et dont l'existence a été démontrée par ses calculs?

Un avocat de Valence, *M. Adrien Peloux*, bâtonnier de l'ordre, engagé volontaire dans les mobiles de la Drôme, a été tué au combat de Montretout, à la tête d'une compagnie qui l'avait nommé capitaine. La mort de M. Peloux honore le barreau français dont presque tous les membres ont pris part à la guerre, et qui compte beaucoup de victimes dans ses rangs.

Les volontaires du 15e bataillon de la garde nationale comptaient dans leurs rangs *le marquis de Coriolis d'Espinouse*. M. de Coriolis fut tué à Buzenval d'une balle à la tête. Il était né en 1804; mais il avait cette vigueur et cette activité juvénile qui est le propre des âmes solidement trempées. Il était de grande naissance, ce qui ne l'a pas empêché de mourir en simple soldat.

M. de Rochebrune, colonel de la garde nationale, qui, dans la guerre de Pologne, sous les ordres de Langiewicz, s'était fait un renom de bravoure et de science militaire, tomba frappé d'une balle à l'épaule, en avant de Rueil, au moment d'enlever son régiment à l'assaut des positions derrière lesquelles les Prussiens dirigeaient un feu meurtrier sur les gardes nationaux. Son corps, ramené dans la soirée à Paris, fut enseveli le lendemain au Père Lachaise, au milieu d'un concours immense. Le général Clément

Thomas conduisait le deuil, assisté d'un grand nombre d'officiers supérieurs délégués des bataillons de Paris.

Nous n'avons cité que quelques noms, cueillis presque au hasard parmi tant de victimes des combats livrés devant Paris. Nous n'avons rien dit des morts plus nombreux de l'armée, parce que ce qu'il importe de prouver et de mettre hors de discussion, c'est le dévouement et l'héroïsme de la population civile de Paris. Quelles que soient les antipathies, d'ailleurs peu légitimes de beaucoup de provinciaux, il faut qu'on sache que Paris a plus fait pour le salut commun que la province tout entière. Il n'a pas eu besoin d'être excité, remué, soulevé contre l'invasion. Il a compris tout de suite son devoir, et malgré toutes les apparences, erreur héroïque, il a cru toujours au succès final. Seul, il a retenu pendant cinq mois les armées allemandes immobiles devant ses murs, et circonscrit jusqu'à la Loire l'invasion qui, si Paris eût capitulé, se fût étendue jusqu'aux Pyrénées. Il a fait plus, il a failli changer en déroute les succès inouïs de l'armée prussienne : il a créé tout ce qu'il fallait pour y réussir : des armées et des canons. Il ne lui a manqué qu'un homme capable de tirer parti de tout cela; ou plutôt Paris a eu le malheur de compter un homme de trop et d'avoir trop longtemps confiance en lui. Cet homme néfaste, dernier legs de l'empire, c'est le général Trochu.

Par une singulière antithèse, le contraire de ce qui se passait à Paris avait lieu en province. Ici l'ardeur héroïque de deux millions d'âmes humaines s'usait en efforts stériles, faute d'être comprise et dirigée; là-bas, la fièvre d'action qui bouillonnait dans le cerveau d'un homme, comme en une fournaise, ne réussissait pas à tirer de leur sommeil les départements endormis dans l'atmosphère méphitique de l'empire. M. Gambetta galvanisa les surfaces, mais il fut trop mal secondé pour remuer les couches profondes du pays; tandis que M. le général Trochu, qui n'avait qu'à diriger le torrent patriotique, resta jusqu'à la fin convaincu que Paris n'avait pas d'armée.

Les événements à jamais lamentables qui se sont accomplis depuis le siége, se chargent de démontrer l'erreur du gouverneur de Paris, et resteront la condamnation éternelle de sa conduite.

TABLE DES MATIÈRES.

FIN DE LA TABLE DES MATIÈRES.

CATALOGUE DE LA LIBRAIRIE

ARMAND LE CHEVALIER

Paris, rue de Richelieu, 61

I

GRAND ET NOUVEL

ATLAS UNIVERSEL

PHYSIQUE, HISTORIQUE ET POLITIQUE

DE GÉOGRAPHIE ANCIENNE ET MODERNE

Composé et dressé par **M. H. DUFOUR**, revu et augmenté par **MM. E. CORTAMBERT** et **VUILLEMIN**

GRAVÉ SUR ACIER PAR M. CH. DYONNET père

Graveur du dépôt de la marine

et de l'Atlas de l'Histoire du Consulat et de l'Empire, de M. THIERS

Comprenant les 40 Cartes suivantes, d'une superficie gravée de $0^m,77$ sur $0^m,55$.

ÉDITION DE LUXE

L'ATLAS COMPLET

composé des 40 Cartes ci-dessus coloriées, montées sur onglets et reliées, dos et coins maroquin : **135** francs.

Avec le volume de Notices format in-4, relié à part : **140** francs.

ÉDITION USUELLE DU MÊME ATLAS

Les 40 CARTES tirées sur les mêmes aciers, coloriées à plat avec demi-reliure veau, sans notices, **55** francs au lieu de **140**.

HISTOIRE DE LA RÉVOLUTION DE 1848

Par DANIEL STERN

Illustrée de **66** gravures sur bois d'après les dessins de MM. DE NEUVILLE, GERLIER, LIX, CREPON, GUSTAVE JANET, E. LORSAY, ETC.

Un volume grand in-8° ; broché, **7** fr. **50** c.

Mémoires d'exil (Nouvelle série). L'amnistie. — Suisse orientale. — Bords du Léman, par Mme Edgar QUINET. 1 volume in-18. . . . . 3 50

Paris en Décembre 1851, *étude historique sur le coup d'État,* par M. Eugène TÉNOT. 1 volume in-8. 6 »

LE MÊME, édition populaire. 1 volume in-18. . . . . . 1 50

La Province en Décembre 1851, *étude historique sur le coup d'État,* par M. Eugène TÉNOT. 1. vol in-8. 6 »

Le même, édition populaire. 1 volume in-18....... 1 50

Suspects (les) en 1858, *étude historique sur l'application de la loi de sûreté générale* : emprisonnements, transportations, par MM. Eugène Ténot et Antonin Dubost, avocat. 1 volume in-8........................ 6 »

Le même, édition populaire, 1 volume in-18........ 1 50

Le Deux-Décembre (1851), ses causes et ses suites, par M. Pierre Lefranc, représentant. 1 vol. in-18. 2 50

Souscription Baudin (affaire de la) en appel, plaidoiries de MM. J. Favre et Gambetta. Brochure, in-8.. 1 50

Souscription Baudin (affaire de la), plaidoiries de MM. Dufaure et Weiss. Br. in-8. » 75; par poste » 85

Histoire de la campagne de 1815. — *Waterloo,* par le lieutenant-colonel Charras. 6e édition, 1re édition publiée en France. 2 volumes grand in-8 vélin avec un atlas.. 15 »

Histoire de la guerre de 1813 *en Allemagne,* par le lieutenant-colonel Charras. — Derniers jours de la retraite de Russie. — Insurrection de l'Allemagne. — Armements. — Diplomatie. — Entrée en campagne. 2e édition, 1re édition publiée en France. Un très-fort volume grand in-8, avec cartes spéciales.................... 7 50

Campagne de Russie (1813-1814), par M. Alfred Assolant, édition primitive. 1 vol. in-18.......... 2 »

Armée (l') et la Révolution. — La Paix et la Guerre. — L'enrôlement volontaire. — La levée en masse. — La Conscription, par M. Ch.-L. Chassin. 1 volume in-18............. 3 50

Guerre (la), l'organisation de l'Armée et l'Équité, par M. D'Escayrac de Lauture. 1re partie: Causes et effets de la guerre; 2e partie: Situation actuelle de l'Europe; 3e partie : Organisation de la force publique; 4e partie : Le second empire. 1 volume in-8..... 3 »

France (la) libre et armée, par M. le comte de Gardane. Brochure in-18, » 50 cent.; par la poste.... » 60

Loi militaire (la) de 1868, *expliquée par demandes et par réponses.* **(Catéchisme des familles),** par MM. Isambert et Coffinhal-Laprade. 12e édition. Brochure in-32, » 40 c.; par la poste.................... » 50

Opinion d'un Electeur sur la loi militaire de 1868, par M. le comte de Gardane. Brochure in-8, » 50 c.; par la poste........................ » 60

Essai sur une nouvelle organisation de l'armée. Brochure in-12, » 50 c.; par la poste » 60

Impôt (l') militaire : Sang, Argent, Travail et l'**Organisation démocratique** de l'**Armée française,** par M. Paul Cottin. Brochure in-8...... 2 »

Soldat (le): *Salaire, Service proportionnel*, par M. le comte de GARDANE. Brochure in-8. » 25; par la poste..... » 35

Les Soldats citoyens : Latour d'Auvergne, par GARCIN. Brochure in-18........................... » 60

Réorganisation de l'armée, par GRENIER. 1 feuille in-8; par la poste........................... » 15

Esquisse d'une nouvelle organisation de l'armée, par un capitaine d'artillerie. Br. in-8.. 1 25

Campagnes électorales (les) de 1851 à 1869, par M. Jean ALBIOT. 1 fort volume in-18.......... 2 50

Guide pratique de l'Électeur, par M. Georges COULON, précédé d'une lettre de M. Jules FAVRE. 1 volume in-18.. 1 »

Lettre électorale d'un maire de village à ses collègues, par M. Edouard ORDINAIRE. 4e édit. Brochure in-18. » 25 c.; par la poste....................... » 35

Où nous mènent les candidats officiels, par M. Henri MERLIN. Feuille in-4, 10 c.; par la poste » 15

Paysan (le) : ce qu'il est, — ce qu'il devrait être, *petite étude morale et politique*, par M. FERDINAND DE LASTEYRIE. Volume in-18.................. 1 »

Paysan (le), l'Impôt et le Suffrage universel, *ou réflexions et entretiens d'un arrière-neveu de l'Homme aux quarante écus*, par M. STEENACKERS. 1 vol. in-18. 1 50

Réponse d'un électeur à la lettre d'un ancien constituant, par M. A. GAULIER. Brochure in-8. 1 »

République (la) par la loi, par M. Louis MIE, avocat à Périgueux. Brochure in-18, » 60; par poste. » 70

Réveil (le) d'un grand Peuple, par M. Edgar QUINET. Brochure in-18. » 15 c.; par la poste... » 20

Révolution (la) par le suffrage universel, par M. Alphonse LECANU. 1 volume in-18........... 2 »

Saint Ollivier, ministre et martyr. Broch. in-8, » 30 c.; par la poste................................. » 40

Vos Députés et leurs Votes, par M. Louis HERBETTE, avocat à la Cour de Paris. *Brochure in-32*, contenant le tableau des votes de tous les Députés. » 40 cent.; par la poste...................................... » 50

Empire (l') parlementaire est-il possible? par GUSTAVE CHAUDEY. Forte brochure in-8...... 1 »
Le même, en feuille. » 10 c.; par la poste......... » 15

Révolution (la) de 1869, par F. ARNAUD (de l'Ariége), ancien représentant. 1 volume in-18............. 1 50

Bon (le) plaisir de messieurs les fonctionnaires, par M. Henri MERLIN. Brochure in-8... 1 50

Députés (les) de la Seine, — Gambetta. — Thiers. — Bancel. — E. Picard. — Garnier Pagès. — Jules Ferry. — Jules Favre. — Jules Simon. — Pelletan. *Portraits intimes*, par Fulbert DUMONTEIL. 1 volume in-18.... 1 »

Nouvelle organisation de la ville de Paris, par VILLAUME. Broch. in-8. » 20; par la poste.... » 25

Le Code social, Manuel du citoyen français, par A. MOREL. Brochure in-18, 20 cent.; par la poste....... » 25

Les principes de 1789 ou les droits de l'homme et du citoyen, par GOUDOUNÈCHE. In-18, 15 c.; p. p.. » 25

Jacques Bonhomme, entretiens de politique primaire, par M. LISSAGARAY. Un volume in-18..... 1 50

Jean Claude (la politique de), par JULES CARRET. 1 vol. in-18.................................. 1 »

Discours de M. Gambetta, prononcé au Corps législatif dans la séance du 5 avril 1870. Brochure in-18, » 10 c.; par la poste.................................. » 15

Discours de M. Estancelin le 2 juillet 1870. Broch. in-18, 10 cent.; par la poste................ » 15

Le Plébiscite, par ALCESTE. Brochure in-18, » 20 c.; par la poste.................................. » 25

Bilan (le) de l'Empire, par M. HORN, cinquième édition. Brochure in-18, » 40 cent.; par la poste......... » 50

Budgets de l'État (progression comparée des) sous le second Empire : 1853-1866, par M. Henri MERLIN. 1 volume in-4........................ 7 50

Grands Travaux de Paris. — *Leur achèvement sans emprunt*, par A. HUGUET, architecte. Br. in-18.... 1 50

Coopération (la) et la politique aux ouvriers, par M. P. MALARDIER, ancien représentant du peuple. Brochure in-8, » 50 c.; par la poste............ » 60

Question des loyers, par SAINT-GENET. Broch. in-8, 20 cent.; par la poste.......................... » 25

Les milliards payés sans emprunt. Broch. in-8. 20 cent.; par la poste.......................... » 25

Nouveau système financier, par P.-J. JACQUOT. Br. in-8. 50 cent.; par la poste................ » 50

Bourgeois et Socialistes, par M. Justin DROMEL. Brochure in-18.................................. 1 »

Démocratie (la) et M. Renan, Réponse à la préface des *Questions contemporaines*, par M. Jules LABBÉ, ancien rédacteur de l'*Opinion nationale*. Brochure in-8.. 1 »

Éducation (l') du peuple, *discours prononcé à la chambre des communes d'Angleterre*, par lord MACAULAY, traduit par M. le comte DE GARDANE. Brochure in-18, » 40 cent.; par la poste.......................... » 50

Instruction et Liberté, par Romuald DEJERNON. 1 vol. in-18.................................. 2 »

Manuel de morale et de politique, par M. GOUDOUNÈCHE. Brochure in-18.......................... 1 »

Pamphlets d'un franc parleur, par M. Edouard SIEBECKER. 1 vol. in-18.......................... 3 50

Politique pour tous, par Alcide DUSOLIER. Brochure in-18.» 75 cent.; par la poste.................. » 85

Prisons (les) de France et le patronage des prisonniers libérés, par M. ROBIN. Br. in-8. 1 50

Questions de la vie (les), par M. PIROGOFF; traduit du russe. Brochure in-8...................... 1 »

Questions politiques et sociales, par M. Ernest HENDLÉ, avocat à la cour de Paris. 1 volume in-8. 3 »

Congrès de Bâle (rapport sur le), par G. MOLLIN. Brochure in-18.» 75 cent.; par la poste......... » 85

Révolutions (les), caractères et maximes politiques, par M. Pascal DUPRAT, ancien représentant. 1 volume in-18............................ 3 50

Science de l'homme, première partie, tome premier, 2e édition, par M. Gustave FLOURENS. 1 vol. in-18. 3 »

République et Socialisme (Pratique), par P. MALARDIER, ancien représentant du peuple à la Législative. Brochure in-18, 50 c.; par la poste............. » 60

Renseignements (les) de l'histoire — 1789-1869, par Antonin PROUST. 1 volume in-18..... 1 »

Précis d'Histoire contemporaine, par Victor PERDOUX. 1 fort volume in-18......................... 4 »

République (la) et la Liberté, par Paul Lacombe. 1 volume in-18.............................. 1 »

Liberté, Egalité, Fraternité. Essais de politique légale, par Arthur HUBBARD, avocat à la cour de Paris, suivi de **Lettres d'un inculpé**, par le même. 1 volume in-18.............................. 2 »

Le nouveau Spectre rouge, par Robert LUZARCHE. 1 vol. in-18..................................... 1 »

Une campagne a la Marseillaise, par A. ARNOULT. 1 vol. in-18........................... 1 50

Les crimes de la République dévoilés, par J. PRAT. Broch. in-18, 15 cent.; par la poste......... » 30

Sadowa (*les Prussiens en campagne*), détails historiques et anecdotiques sur la guerre de 1866, par M. Paul DE KATOW. 1 volume in-18.............................. 2 »

Centenaire (le) de Napoléon Ier, par Édouard MORIAC. Brochure in-18, » 75 c.; par la poste.... » 85

Coup (le) d'Etat de Brumaire an VIII (les origines d'une dynastie). Etude historique, par Paschal GROUSSET. 1 volume in-18.................... 3 50

Bonaparte *commediante, tragediante*, par Mario PROTH. 1 volume in-18............................. 3 50

Napoléon III, sa vie, ses œuvres et ses opinions. Commentaire historique et critique, par A. MOREL, 2e édition. 1 volume in-18.............................. 3 50

Napoléon III (petite histoire de), par SPULLER. Brochure in-18, » 15 c.; par la poste............. » 25

Ce que coûte un Empereur. *Liste civile de Napoléon III*, par MALARDIER, ancien représentant. Brochure in-18, » 50 c.; par la poste........................... » 60

France (la) et les Etats-Unis comparés. 3e éd. Brochure in-8. » 30 c.; par la poste............. » 40

Le Bilan de l'année 1868 : *l'Histoire, les Livres, le Théâtre, les Sciences, les Arts*, par MM. CASTAGNARY, GROUSSET, RANC et Francisque SARCEY. Très-fort vol. in-18, 2e édit. Prix................................ 3 50

Grands Procès politiques (les) :

STRASBOURG, par M. Albert FERMÉ (1836). 3e édition. 1 vol. in-18............................ 1 50

BOULOGNE, par LE MÊME (1840). 3e édition. 1 volume in-18.................................... 1 50

CONSPIRATION MALET, par M. Paschal GROUSSET (1812). 1 vol. in-18.............................. 1 50

LE DUC D'ENGHIEN, par M. L. CONSTANT. 1 volume in-18.................................... 1 50

LOUIS XVI, par M. L. CONSTANT. 1 volume in-18. 1 50

GRACCHUS BABEUF, *et la conjuration des égaux*, par Philippe BUONAROTTI, préface et notes, par M. A. RANC. 1 volume in-18............................ 1 50

LES ACCUSÉS DU 15 MAI 1848, par Ernest DUQUAY. 1 volume in-18........................... 1 50

LE MARÉCHAL NEY, par George D'HEYLLI. 1 vol. in-18.................................... 1 50

PIERRE BONAPARTE, Meurtre de VICTOR NOIR. Seul compte rendu revu par les défenseurs de la famille Noir. 1 volume in-18............................ 1 50

Premier et deuxième procès de l'Internationale. 1 vol. in-18, 1 25; par la poste.......... 1 50

Troisième procès de l'Internationale. 1 volume in-18.............................. 1 50

Contemporains (nos), par FERRAGUS (L. ULBACH).

Série de portraits composées de huit pages de texte, avec portraits dessinés par GILBERT, gravés sur bois par ROBERT, tirés à part sur papier teinté.

Chaque livraison sous couverture in-4......... » 40

Par la poste.............................. » 50

Mémoires d'un enfant de la Savoie, suivis de ses chansons. Nouvelle édition augmentée d'une partie entièrement inédite avec préface de BÉRANGER, par Claude GENOUX. 1 volume in-18............................ 3 50

Typ. Rouge frères et Cie, rue du Four-Saint-Germain, 43.

www.ingramcontent.com/pod-product-compliance
Ingram Content Group UK Ltd.
Pitfield, Milton Keynes, MK11 3LW, UK
UKHW020245250726
13967UKWH00004B/1527

9 782013 029469